HACKING
SCHOOL
DISCIPLINE

9 Ways to Create
a Culture of Empathy
and Responsibility
Using Restorative
Justice

由叛逆到自律

培养孩子同理心和责任感的 9 条路径

［美］内森·梅纳德　［美］布拉德·温斯坦　著

杜耀梅　译

中国科学技术出版社
·北 京·

图书在版编目（CIP）数据

由叛逆到自律：培养孩子同理心和责任感的9条路径 /（美）内森·梅纳德，（美）布拉德·温斯坦著；杜耀梅译 . -- 北京：中国科学技术出版社，2024.6

书名原文：Hacking School Discipline: 9 Ways to Create a Culture of Empathy and Responsibility Using Restorative Justice

ISBN 978-7-5236-0704-6

I.①由⋯ Ⅱ.①内⋯ ②布⋯ ③杜⋯ Ⅲ.青少年教育 – 素质教育 – 研究 Ⅳ.① G40–012

中国国家版本馆 CIP 数据核字（2024）第 090128 号

著作权合同登记号：01-2023-2290

Translated and published by China Science and Technology Co. Ltd. with permission from The Paperless Classroom DBA Times 10 Publications. This translated work is based on *Hacking School Discipline: 9 Ways to Create a Culture of Empathy and Responsibility Using Restorative Justice* by Nathan Maynard and Brad Weinstein. © 2019 by Times 10 Publications. All Rights Reserved. Times 10 Publications is not affiliated with China Science and Technology Co. Ltd. or responsible for the quality of this translated work. Translation arrangement managed by Russo Rights, LLC and Inbooker Cultural Development (Beijing) Co., Ltd. on behalf of Times 10 Publications.

策划编辑	王　琳　王晓义
责任编辑	王　琳
装帧设计	中文天地
责任校对	张晓莉
责任印制	徐　飞

出　　版	中国科学技术出版社
发　　行	中国科学技术出版社有限公司
地　　址	北京市海淀区中关村南大街 16 号
邮　　编	100081
发行电话	010-62173865
传　　真	010-62173081
网　　址	http://www.cspbooks.com.cn

开　　本	880×1230　1/32
字　　数	113 千字
印　　张	5.125
版　　次	2024 年 6 月第 1 版
印　　次	2024 年 6 月第 1 次印刷
印　　刷	北京博海升彩色印刷有限公司
书　　号	ISBN 978-7-5236-0704-6 / G·1045
定　　价	69.00 元

（凡购买本社图书，如有缺页、倒页、脱页者，本社销售中心负责调换）

"你没有惹麻烦，我只是需要和你谈谈。"

谨以此书致同样遇此困境的你。

序 言

学校为何需建立恢复性公正？

美国民事权利数据收集结果显示，2011—2012年公立学校近4900万名学生中，350万人被校内停学，345万人被校外停学，13万人被开除。

这些数据还揭示了另一个引人深思的事实：被开除或停学的学生中，黑人学生是白人学生的3倍，残疾学生是非残疾学生的2倍。"零容忍政策"是当今许多学生被停学和开除的根本原因，其推行之下的惩罚严厉且具倾向性，通常对少数族裔学生影响最大。

相对于其他惩戒措施，终止学生接受学校教育会产生更多负面影响。这包括人们通常所谓的"从学校到监狱的通道"——受到处罚的学生比在校生更有可能卷入少年犯罪，甚至最终入狱。简而言之，不当的惩罚会严重影响学生的教育及发展轨迹，甚至消磨其生活热忱。作为专业教育者，我们应该认识到学生每次犯错都是一次可以对他们进行教育的机会，进而利用这种机会，而不是把这种机会连同犯错的学生一起抛弃。

　　任何行为都是一种交流，即便是那些应该被惩罚的行为。专业教育者应该去理解这些行为。简而言之，应着手优化我们的

行为管理体系，通过审慎实施公平合理的举措，来消除上文提到的惩戒措施中的不合理因素。

　　那么我们到底该如何做？

　　本书虽不是灵丹妙药，却可以助你一臂之力。书中将针对青少年的问题行为提出行之有效的应对方法，帮助教师营造安静良好的教学环境、礼让的课堂氛围，形成有序而可控的文化风气。

　　恢复性公正①能够提供一些方法，教导学生去弥补因自己的过失而造成的伤害，并继续进步，而不是将他们开除了事。这种方法为解决学生问题营造了一个交流、合作的氛围。

　　每一天都是与"问题少年"沟通交流的崭新开始。面对犯错时周围人的失望和责备，这些学生已经习以为常。虽然追究学生的责任很重要，但更重要的是找到他们

---

① Restorative Justice，在法律用语中译为"恢复性司法"。本书根据实际语境译为"恢复性公正"。——译者注

产生问题行为的根本原因并加以消除。尽管表达爱的方式会有些严厉，也要让学生知道，你可以给他们提供帮助——用无尽的爱和鼓励去磨平他们的棱角。千万不要心怀怨怼。恢复性实践的一个核心理念是，学生并不生来就是"问题少年"，而是发生了某些事情促使他们成为那样的人。作为教师，我们必须深入探究学生的行为，就如同我们研究怎样在课堂上帮助他们解决学习上的难点一样。在这种情况下，软硬兼施的惩戒套路并没有解决问题。事实上，它反而带来了更多的反对、排斥和刻板印象。

我们必须学会超越这一点，真正改变行为——对老师和学生来说都是如此。

"恢复性实践"是一门新兴的社会科学，研究如何加强人际关系，增进共同体内的社会联系。按照国际恢复性实践研究所（International Institute of Restorative Practices，IIRP）的说法，"人类与生俱来地联系在一起。如同我们需要食物、住所和衣服一样，我们也需要牢固且有意义的关系链才能生生不息"。国际恢复性实践研究所还表示，恢复性实践有助于：

- 减少犯罪、暴力和欺凌
- 改善人类行为
- 发展公民社会
- 发挥有效的领导力
- 恢复关系
- 修复伤害

　　我们根据超过 25 年的教育领导经验及国际恢复性实践研究所的正式培训编写此书，仅为传授更多恢复性教育纪律的相关知识，以供读者实践，改变学生命运。本书将阐述如何运用恢复性实践来管理学生的行为，以免其受到处罚。在对学生的行为管理方面，我们的实践将会另辟蹊径，包括培养学生行为上的责任感、树立学生弥补伤害的义务观、找到纠正错误行为的步骤。这一理念深入剖析了每种行为背后的成因，同时围绕问题力求建立积极的合作，齐心协力打造健康良好的校园氛围和人际关系。

　　情绪调节能力不是人先天具有的，而是需要后天习得的。

　　教师和管理者对工作不满的一个原因，甚至可以说是我们生活中的祸根，就是需要应对具有挑战性的学生行为。2012 年的原始资料指出，超过半数的教师希望能够减少每天用于管教学生的时间。花在管教学生上的时间夺走了许多人的教育初心——我们从事教育的初衷是帮助孩子们学习和成长。原始资料还显示：在美国从事教学工作的人中，68% 的小学教师、64% 的中学教师和 53% 的高中教师认为，自从自己从事教学工作以来，学生的不良行为有所增加。

　　身处这样一个快速发展的社会，便捷的技术分散了学生和家长的精力，人们对体育和娱乐的重视程度似乎超出了对学校的关注。这一切，让教育工作者肩负起比以往更沉重的使命。令我们大为懊恼的是，学生们的不良行为依旧存在。我们可以一如既往地处罚学生，尽管越来越无效。或者，我们可以换一种做法。是的，"我们"可以改变。如果想要整顿学生纪律，就需要做出调整。我们要想教育学生规范自己的行为，不是通过老师提高嗓门大喊大叫——这显然行不通，而是通过老师负起责任，对他们循循善诱，谆谆教导。现如今的孩子不同于学生时代的我们，他们所处的世界更加复杂，竞争更加激烈，他们也更加容易受到影响。无须旁人指点，学生已畅游在科技的海洋中，不断探索交流。对于这一点，我们越早接受，越快转变，结果就会越好。

这并不意味着我们需要接受学生的无礼不敬及其他不良行为，而是说我们要换一种方式与不良行为抗衡。希望本书可以助你一臂之力。在后文中，你将读到九种技法，带你走近恢复性公正。本书每种技法后都附有实践训练、详细论述和案例。每章都将介绍一些简单易行的对策，包括问题、方法、未来你能做些什么、行动方案、克服阻力，以及方法实战。

或许你想知道，为何我们会针对惩戒写一整本书。原因很简单，那就是我们认为它会直接影响到学业成绩。

借助于对学生进行富有责任感的、充满关怀的管教，我们坚信所有学校的体制会更加健全，学生会更有安全感，这会帮助我们去引导学生积极投入更加健康、丰富、高效的生活。每一位学生都应该受到老师的关爱与呵护。恢复性公正就是实现这一目标的第一步。

目　　录

方法 1

让我们来谈一谈
营造沟通氛围化解冲突

没有建立深厚的关系，就去立规矩，那么，结果必然是叛逆。

——麦道卫（Josh McDowell），著名作家，
著有《正确抉择》（*Right from Wrong*）
等书

问题：学生无处倾诉

学生犯错后，教师通常很少给他们申辩解释的机会。在惩罚制度下，责任归于一方，而且该方需要因其行为接受惩处。但

是，惩处的结果往往是治标不治本。当需要厘清事情的来龙去脉，摆出并分析问题时，教师们几乎毫无作为。一名学生因殴打另一名学生而被停学。我们可能会问他/她："你做了什么而被停学？你打算如何改正？下次怎么做？"但是，这些质问并没有让他/她在自己的行为问题上具有发言权。甚至没有人问他/她为什么要这么做。例行公事般的一连串质问，就跟一堆表格差不多，对于其中每一个空该怎么填，学生早已事先准备好。

学生会屡屡犯错，这完全在我们意料之中。而我们并没有对问题追根究底，也就没能从根源上解决问题。我们太过于遵循常规，以至于忘记关心学生本人。

这种软硬兼施的管教方式带来的改变是无法持久的。只不过是应激反应迫使学生发生行为转变。就好比，如果想让一只兔子钻进洞里，那么就用棍子打它。你也可以制造诱因，在洞口处悬挂一根胡萝卜，把兔子骗进洞里。但是这两种方法都没有让兔子明白进入洞穴的益处，都不是让兔子心甘情愿走进洞中。而且，这两种技法都稍有不公，因为兔子直到掉进去才发现原来这儿有一个洞。

对学生说"让我们来谈一谈"，然后提出一些问题，这种方式表明了这次会面并非一种惩罚，而只是一次心平气和的谈话。

同样地，目前的制度要么迫使学生做出改变，要么诱使学生去改变，但没有教导学生为什么需要改变，也不会有人先过问一下他们当初为何犯错。简单地说，我们必须找到一种方法，让学生想要改变，而不是强迫他们改变。我们需要通过他们的行为了解他们试图告诉我们什么，并据此来引导他们走向不同的方向。

　　为了实现这一目标，教育者需要建立关系，营造课堂氛围，并让学生有发言权——所有这些都可以通过一些简单的方法来实现。

方法："让我们来谈一谈"

　　我们需要弄清楚如何倾听学生的声音，而不是采取一刀切的惩处方法。要做到这一点，我们需要尝试着理解学生的行为，而不仅仅是给他们的行为贴上标签并指出其行为带来的后果。这意味着，不良行为一经发生，我们便要对学生展开一系列启发式的询问：

- 发生了什么？
- 当事情发生时，你在想什么？
- 谁挑动了你的情绪？你的情绪是如何被挑动的？

　　一旦深入了解了学生的行为，你就可以进入恢复性惩戒程序的下一个阶段——恢复性调解。恢复性调解是以建设性、支持性讨论的方式去解决当事各方纠纷的一种调解方案。

　　调解流程很简单，但可能需要经过一些实践才能掌握。基本原则如下：

1.确定发生了什么行为。

2.把涉事学生叫到走廊里简单交流一下，或者让他 / 她（们）

课后留下来交谈——至于采取哪种方式，要视你们的具体环境而定。

3. 运用上述启发式的询问进一步了解这些行为及其发生的原因。

4. 引导对话，争取找到一个有效的、积极的解决方案。

对学生说"让我们来谈一谈"，然后提出一些问题，这种方式表明了这次会面并非一种惩罚，而只是一次心平气和的谈话。作为老师，我们要给每个涉事学生一次机会从他们自己的角度来讲述这件事情，这样我们能听到每一方的声音。

据国际恢复性实践研究所称，对冲突、违规行为和伤害行为的有效应对是恢复性行为的标志。事后迅速对学生实施惩罚，可能会导致处置不当。为了避免这种情况，我们要立即分析学生的行为，允许他们发言，并试图了解情况。我们还需要让学生明白他们行为的性质及他们为什么错了，进而帮助他们认识到他们需要为自己的行为所承担的后果。

调解在这个过程中发挥着重要作用，因为作为领导者，你需要根据交谈内容进行公断，以确保得到一个和谐的解决方案。恢复性调解的核心价值阐明了教师或调解人在准备一场有效的调解时应采取的措施：

● **尊重**是一次好的调解经历的基础。如果涉事各方都想解决问题，那他们必须在整个调解过程中尊重彼此的看法，理解彼此的情绪。

- 下一步是**建立关系**。要让学生从他们自己的角度来讲述整件事情，这样他们能学会沟通和倾听。如果一个学生讲出自己可能是因为祖母最近去世而大发脾气，另一个学生听后可能会觉得惊讶并因此改变自己的想法。人生大事通常能引起他人共鸣，而人与人之间也可以通过这种共情建立关系。

- **责任**意味着涉事双方都需要承认自己的不当行为，并愿意承担相应的后果，这样调解才能进行下去。请参阅以下步骤，了解双方如何一起达成有效且合理的共识。

- **修复**伤害需要调解人发挥创造力。调解人必须集思广益，采取能够真正恢复局面平衡的策略，而不是仅仅让学生停学或留堂。如果一个学生给老师起不敬的外号，那么或许他/她可以在放学后写一封道歉信。如果有两个学生在互联网公共论坛上取笑另一个学生，那么调解人要引导他们找出一个有效的解决方案。(也许他们会有兴趣写至少五篇正面评价同学的帖子发布在社交媒体上。)虽然修复伤害需要各方意见一致，但调解人还是需要通过创造性思维为此铺平道路。

- 会谈结束后，老师要带着尊重和谨慎的态度处理涉事学生**重新融入**正常学习与生活的问题。可以主动提出第二天去看看他们，或者问问他们是否需要出去走一走，厘清思绪后再回到教室里。学生发泄情绪后，要让他们放下自尊回归到正常生活并非总是那么容易。帮助他们恢复正常生活必须成为调解工作的一部分。

让学生直接对自己的行为负责并且自己承担后果是激发他们内在改变的关键。调解可以让学生了解到他们的行为所产生的真实影响。将调解与恢复性实践结合起来，你就掌握了培养学生同理心、营造积极文化氛围和带来持久改变的秘诀。

未来你能做些什么

尽管了解这些步骤后，你仍然会感觉不很认同，但可能很快就会有事情发生，需要你马上去进行调解。你必须定下基调，确定你期望得到的结果，确保各方都承认发生了不当行为，为接下来发生的事情制订计划，就是这样。我们建议你找时间坐下来制订未来调解的计划，以便在此类情况发生时做好应对的准备。在此之前，请尝试以下策略，以便在下次发生这一行为时进行调解：

- **促进调解**。欢迎各方参与调解，感谢他们的到来。这样从一开始就奠定了积极的基调。请使用启发式的问题来引导对话。不要说："你认为踢翻垃圾桶是一个好的决定吗？"而应问："在你踢翻垃圾桶之前发生了什么？"你想找准感受，了解发生了什么，就要以扮演侦探和倾听的方式进行调解，直到你觉得所有期待的结果都浮出了水面。当你听到新内容时，通常可以用肯定来加强对话。"哇，谢谢你告诉我那件事。那一定很艰难。"这样的反馈打通了这场对话的渠道。

- **制订行动计划**。调解后各方的下一步是什么？作为一个团队，你们将如何防止未来发生类似情况？作为推动者，你应该总结事情的前因后果，着重讲明错误出在何处。专注于你们在未来会共同面对的后果：如果"这件事"再次发生，那么"这件事"将会是后果。拥有整个团队的支持会让每个人都有责任感。记得分享学校和班级规则中的有关提醒。"我们在一起，让我们互相支持。"

- **根据需要通知**。学生生活中的哪些人应该参与讨论？谁认为自己是学生成功的利益相关者？哪位推动者会从调解的总结中受益？考虑那些已经给学习者带来影响力的群体：父母、其他教师、学校辅导员、体育教练、缓刑监督官、董事会成员，等等。不要向这些人抱怨，而是要赞美学生努力修复伤害的过程。如果你发现了可能继续影响学生行为的潜在压力或创伤，这将特别有用，因为这些认知可以帮助成年人读懂学生的故事，并在未来发生问题时做出敏捷的应对。

- **记录细节**。通过记录学生的行为、教师的调解过程并制订行动计划，你可以分析学生的行为趋势，追踪其行为，并创建学生成长历程的整体档案。这可能需要以一次谈话总结来完成，例如："总结一下我们今天在这里讨论的内容，泰伦（Tyrone）将在明天上课前向梅利夫人（Mrs. Maylee）道歉。我会在下课时和他确认并保证进行了道歉。"在解散之前总结调解要点，有助于确保每个人都了解讨论期间所说的话，也可以提醒参与者如何修复伤害，使调解自始至终都保持恢复性基调。

- **准备设施**。通过日常会话，在整幢楼里、教室里和走廊中使用恢复性语言。在未来，考虑创建吸引人且易读的标牌。不仅要与学生一起使用这种恢复性语言，还要在所有环境中与同事一起使用。至于标牌上的话，以下是一些示例：
  - 我们的恢复性核心价值是尊重、建立关系、责任、修复和重新融入。
  - 牢记五项原则：尊重 | 建立关系 | 责任 | 修复 | 重新融入。
  - 尊重每一个人。与周围的人建立良好关系。为你的选择和行为负责。快速真诚地修复各种伤害。重新融入日常生活。

- **评估**。与学校其他教职员工保持坦诚对话，以便成功开展恢复性文化转变。你们应该能够开诚布公地讨论成年人的行为如何影响学生之间的互动，并讨论内隐偏见可能产生的影响。你们应彼此诚实，在调解后举行会谈。领导团队成员应准备好与那些表现出潜在破坏性行为的成员进行一对一的会面。

行动方案

虽然恢复性调解可以快速执行，但可能需要一些具体的实践才能掌握。要考虑的事情比想象的要多。因此，让我们分析一下如何让你和学生为成功的调解做好准备。

第一步：鉴定冲突和过错方

这一步是开始调解前必须采取的步骤。你的目标是弄清楚发生了什么事以及谁受到了影响，并让冒犯方承认这是自己所做的事。要想了解学生的观点看法，可以让他们对所发生的事情进行描述，然后提出一个提示性问题，例如："所以，你只看了他一下，他就朝你扔了一支铅笔？"这可以让学生放慢速度，从而意识到其中可能还涉及更多内容。你也可以告诉学生，他们提供的信息越多，就能越快地解决问题。我们喜欢告诉学生，如果他们不把所有事情都告诉我们，就解决不了问题；如果让我们发现了更多，那他要承担后果。这鼓励他们现在要把所知道的都说出来，这样我们就可以更接近事情发生的场景，并继续下一步。

第二步：邀请各方面利益相关者参与

在不良行为发生时，利益相关者是指任何参与此事或受到影响的人。例如，詹姆斯（James）向艾伦（Allen）扔了一支铅笔，砸中了他的后脑勺。然后，艾伦开始对詹姆斯大喊大叫，整个班级的读书声戛然而止，大家都停下来看发生了什么。利益相关者是：詹姆斯（过错方）、艾伦（受害者）、全班学生（所有人都目睹了受害者被铅笔砸中后勃然大怒的全过程）和老师（不得不停止教学来解决问题）。然后，你必须确定谁应该参与此次调解。不必让每个利益相关者都参与进来，但那些能发挥重要作用的人必须参与。

第三步：传达调解目标和价值观

学生和所有参与调解的人都需要了解调解的目标。如前所述，目标就是达成核心价值观，而且应该为调解的下一步指路。要将这些目标写在白板或纸上，列出来，以便每个人都能看到，确保它们在调解中发挥重要作用。最好是就调解的最终目标达成共识。

第四步：创造一个安全和支持性的环境

要想调解成功，你就需要从以下几方面来做准备：安排座位、考虑到利益相关者的个性并想方设法缓解他们的焦虑。首先确定谈话的基调，其次在调解过程中传达对行为的期望，最后总结调解的目标。我们最好把易怒的或情绪化的学生安排在离门最近的地方，而不是靠墙角。你有没有听说过，不应该把黄蜂逼到角落，否则你会被蜇到？如果你试着把最易怒的学生安排在角落里，你就会明白这是为什么！

作为协调者，我们还希望尽量保持环境安静：不要让电子设备出现在视野内，尽可能减少噪声和干扰，并且要选择比较私密的空间。如果调解过程中有人经过并能看到调解，可能会导致参与者焦虑，使你已经取得的进展受到折损。

最好让每个人都知道调解也是可以暂停的。让你的学生知道，如果他们在调解过程中感到不安，他们的感受会得到尊重，他们可以选择站起来退出调解。安排一个特定的休息场所，明确休息的时间，以便学生确切地知道在休息期间做什么，以及可以休息多长时间。例如可以说："如果你感到不安，可以走出办公室，在外面坐一分钟。一分钟后，我会去看看你怎么样了，然后请你回来。如果你不能回来，那也没关系，但我会结束调解。如果调解不成功，后果就不是你能决定的了，将由我决定接下来的事情。"

第五步：回顾事件经过并讲述看法

如果要学生有所收获，你需要给他们机会，让他们就事情的经过给出自己的说法并谈谈他们对于这件事有什么感受。这一步只讲述事实。如果学生的讲话内容偏离这个要求，比如他 / 她说，"她看着我，好像要打架似的"，你就需要重新表述这句话，跟他 / 她说："你的意思是她在看你。我们现在还不知道她是不是想要打架，要听听她的说法才知道。请你继续告诉我们发生了什么。"两个学生各自讲述了事情的经过后，就到提出非对抗性问题的时候了。你可以引出这些问题，也可以向涉事的任一方提问。

要确保每一方都举手发言，并且每次只许一个人发言。一旦这件事的某个情节激起学生的情绪波动，调解的目标就很容易被忽视。为了保持谈话不偏离主题，要鼓励他们问一些有助于了解事情经过但不带指责意味的问题。学生不应该问："你想打我吗?"而应该换一种问法:"你为什么在看我? 有什么事情发生吗?"这样能排除情绪的干扰,使对话保持在更高的思维层面。

在所有学生都给出了自己的说法,并且大家对于事件经过有一个大致的主观看法后,你可以总结你们所讨论的内容。

第六步:修复伤害并强化积极性

既然你已经了解了事情的经过,也消除了臆断,就可以探求如何修复伤害了。有时,通过弄明白事情的真相并消除学生因过节或误解而产生的臆断,就可以很轻松地把问题解决了。如果弄清楚后仍然无法解决问题,就要采取下一步行动,弄清楚受害者想要什么。受害者想要的可能是道歉信,也可能是过错方在班会上当众道歉,及 / 或其他纠正错误的做法。我们会在"方法 3 修复伤害"中进一步探讨这一点。

为今后制订行为计划是一个好方法,因为这样可以防止此类不当行为再次发生。不过,你应该让学生自己做计划,例如说:"如果你对我正在看的东西有疑问,或者你认为我有什么问题,我希望你能当面问我。"要强化学生的正面陈述,并鼓励积极的行为计划。

第七步:建立舒服和谐的关系

现在是时候让学生重新融入班级生活并继续前进了。要强调人际关系的重要性,以及以这种积极的方式解决冲突所带来的喜悦。经历恢复性调解的学生越多,整个班级的积极性就越高。

克服阻力

调解工作需要耐心，并且应该被视为一种投资。调解中使用的方法也可以用于解决学生生活中其他领域的问题。但这并不代表每个人都能懂得这些方法或明白其重要性，你可能会从老师和学生两方面感受到阻力，以下是一些例子。

"这不是我的责任。"无论你在学校担任哪种职位，帮助学生获得成功都是你的责任。成功的校园文化始于良好的人际关系，并且要注重所有人的参与和投入，尤其是在冲突发生时。花时间完善基于开放式沟通的冲突解决方法，这对每个人来说都是一件双赢的事情。

"我上哪找时间？"对付这种推脱，要跟他们说课前、课后、学生的午餐时间或者第二天（你不应该耽搁太久，而要尽你所能去做）都可以。你花越多时间去倾听学生的感受，学生走向成功的机会就会越多，你的工作就会越轻松。如果你不把时间花在彻底解决一次冲突、提供解决方案并制订一个防止此类冲突再次发生的计划上，很可能未来你就要花更多的时间再次解决这类冲突。调解工作是一种投资，能带来事半功倍的效果。

"这样做行不通。"你可能认为："我的学生只会假装配合，他们不会认真对待，什么都不会改变！"事实上，他们能认真对待并做出改变，虽然并非都是如此，但你的做法会对学生是否配合产生影响。这就是你不应该用简单的封闭式问题来引导对话的原因。请把"你生气了吗？"或者"你还会这样做吗？"一类问题改成："你现在感觉如何？"或"如果你先跟她谈谈，你觉得会发生什么事？"十年来，我们都是这样做调解的，而且可以告诉你，学生在冤家对头或冒犯自己的人面前是很难假装配合的。要重点关注学生的感受。当你听到学生讲述自己的感受时，要给予学生表扬和肯定。鼓励沟通吧！可能沟通没有那么快就变得顺畅，但请耐心一点。一旦你成功了，你就会得到学生的认同，改变就会发生。

方法实战

有一次，麦蒂（Maddie）在铃响前匆匆走进教室。她打开了她的笔记本电脑，我听到一阵哄笑。麦蒂回头看到戴文（Devon）正盯着她一脸坏笑。我迅速转移他们的注意力并提示这堂课所期望的目标。

"今天，我们学习细胞的分类。我相信大家都会积极参与到课堂中来，保持健康整洁的课堂环境，默契合作，共同维护我们的课堂纪律。现在我们开始上课吧！"

上课大约 15 分钟后，我听到有人说："小妞，你觉得这很可爱吗？"

我转身看到麦蒂朝戴文走去。原本坐着的戴文站了起来，麦蒂使劲推了她一下。我跑到教室后排，但为时已晚。挥舞的拳头、大声的叫喊、翻倒的桌子，我的胸口也被击中。大约两分钟后这场激战才结束。

我把这两个女孩拉开后，请校长护送她们到办公室。我对剩下的学生说："大家围成圆圈儿。"于是，我们把椅子围了起来。我用这样的方式应对突发事件，减少学生们的紧张焦虑，并重新调整课堂气氛。不这样的话，根本没办法继续上课。我拿出教室里的发言棒（也可以是任何容易在教室里传递或抛的东西，比如一个小小的毛绒玩具或软球），这个发言棒传到谁手里就轮到谁发言。我对他们说："我很失望，不得不以这种方式解决冲突，很抱歉我们都牵涉其中。"大家继续绕着圈发言，学生们自发地讨论今天发生的冲突。最后，我们决定结束这次圆圈班会，重新开始上课。与此同时，戴文和麦蒂的父母接到通知，今天需要来学校带孩子回家。

下课后，我和校长沟通安排调解事宜。我们在课前半小时组织了一次会谈，并安排这两名学生在重返课堂前参加。我分别给她们两个打电话讨论了这件事。她们都认可她们先前的做法不是解决冲突的正确方式，并且愿意通过调解"言归于好"。在校长的支持下，我鼓励她们参与，向她们承诺如果调解成功，可以重返课堂。如果调解失败，第二天还得继续校外停学。对她们来说，调解是在她们第一天停学之后用以弥补伤害的一种方式，这样她们第二天就不用被停学了。

早上 8 点 15 分第一次上课铃响，而 7 点 30 分时，麦蒂和戴文早早地就来了。我让麦蒂坐在离门最近的地方，因为从过去的经验来看，我知道她是一个较为情绪化的学生。我在会谈开始时说："你们能坐在这里共同解决问题，我很欣慰。昨天发生的事情是我不能接受的，我不希望这种情况再次发生。我想让你们明白，如果你们在调解过程中很难过，可以走出去。你们有两分钟的时间，可以独自坐在教室外的长凳上。两分钟后，如果你们觉得自己准备好了，就重新进来加入调解。如果你们不回来，我们就不会继续。那样，你们第二天必须在校外停学。还有，不管什么时候，我们都要相互尊重。最后，你们得知道这次调解由我负责。一次只有一个人发言；如果你想发言，就举手示意。在调解过程中，你们都有发言权，因为我想听到参与这件事的每一个人的想法。你们都听明白了吗？"

我停顿片刻，给她们时间考虑，继续说道："好的，麦蒂，从你开始。告诉我你和戴文之间发生了什么事。尽可能地回忆矛盾是从什么时候开始的。"

麦蒂说，戴文在色拉布^①上发布了关于她的帖子，问题就是从那时产生的。发布在色拉布上的内容为："这不是再来一份。这就是主食。"麦蒂说她知道那是指着她说的，所以她怼了几句。她们在色拉布上你一言我一语，争吵、辱骂，叫嚣着要打一架。麦蒂还提到她曾经和泰瑞尔（Tyrell）友谊深厚，泰瑞尔却因为戴文的挑拨对她产生了误会。

说到这儿，麦蒂的情绪激动到了极点，她说："我们本来关系这么好。我真不知道为什么你可以当作没事发生一样！"

戴文想说点什么，但我提醒她先举手，尊重调解过程。戴文举起手，我让她回答。

"不，我并没有说过对你不利的话。"戴文说，"你一定没有看过我发给他的信息。"

接着，她和麦蒂开始讨论之前说的话以及她们的感受。这

---

① 色拉布（Snapchat）是一个照片分享平台。——译者注

正是我想要的：敞开心扉，真情互动。

10 分钟后，我说："哇，这就是关于色拉布的一个误会？你们两个终于说开了，我很高兴。你们还有什么一直感到困扰的事情想交流吗？"

麦蒂举起了手。"我只是想知道为什么你、林德赛（Lindsey）、克莱儿（Claire）和丽贝卡（Rebecca）都在嘲笑我。"

戴文笑道："什么？不是的！我们没有在嘲笑你。当时林德赛给我们看了一张杰夫（Geoff）的作业。那个家伙老是偷偷抄她的答案，但是抄错了地方！"

她们两个都笑了。

我把话题拉回调解上来，说道："今天做得很好。我想再问一下，你们还有想说的吗？如果没有，我们就结束调解，准备上课去。"

麦蒂说："对不起。我不应该在色拉布上说那些话，我也不想走到这一步。"

戴文眼里噙着泪水，喃喃道："我也是。对不起。真的很抱歉。这真的太蠢了。"

我对刚才讨论的事情做了一个简要的总结，并告诉她们这件事就这样过去了。我也强调，如果以后她们之间发生什么事，一定要好好沟通。我又给了她们一些建议，告诉她们如何沟通，补充了我自己的看法，也就是做一个"键盘侠"无济于事。最后，我问她们都有谁目睹了这场争斗。

戴文说："所有人。"

我说："没错，整个班的同学都看到了。麦蒂，你觉得这会对他们造成什么样的影响？"

她说："他们可能会害怕我们伤到他们。或许，我们搞砸了课堂，他们很生气。"

"没错。我同意你的观点，你能意识到这一点是件好事。那么，我们能做些什么来弥补对整个班级的伤害呢？"我问。

接着，戴文和麦蒂提出了谈话的要点，一致同意为她们的争吵向全班同学道歉。我们还讨论了要如何向老师道歉，因为她们扰乱了课堂。

这两个女孩后来再也没有打过架，还成为亲密的朋友。和大多数情况一样，调解最终以泪水画上句号。在调解过程中，考虑到每个人的感受和同理心会收到不错的效果。调解需要耐心，不能急于求成。但是，一旦完成，你就会明白为什么这是化解冲突的正确方法。

如果你为学生们提供一个建设性的讨论平台，他们就可以自己解决问题。调解就是这样一个平台。教导学生在做每一个决定前，将彼此的关系放在最重要的位置，并通过启发式的问题引导学生，从而进行调解。专注于让学生运用同理心，同时赞扬他们表现出的情感素养，这样可以帮助学生学会如何以积极的方式解决冲突。请记住作为调解核心的基本原则：弄明白发生冲突的原因、冲突后发生了什么、有什么潜在因素让矛盾升级至此境地。

方法 2

建立学生圈
随时随地处理问题

将每个冲突尽可能多地划分，以化解冲突。

——勒内·笛卡尔（René Descartes），哲学家

问题：课堂问题没有在课堂上得到解决

课堂气氛需要达到一种平衡，而这种平衡取决于课堂上每个人之间的关系。学生必须对自己的行为及其对他人的影响负责。但是，当学生因不当行为而被赶出教室时，他/她便不再为该行为对班级关系的影响负责。相反，该学生会意识到不当行为是离开教室的一种方式。

那么，当一个学生在晨读时间不想朗读时，他会怎么做？他知道逃出去的办法。或者，如果一个学生因为他不想见的人在课堂上而感到尴尬怎么办？是的，你猜对了。他知道如何摆脱这种情况。

日常的不当行为会破坏课堂气氛，给你带来麻烦。你需要在每个人的注视下快速、适当地解决问题。最省时省力的解决办法是将学生转送到办公室。毕竟，你有整个班要教，要开展新的活动，要回复电子邮件，要管理学生每日的考勤情况。我们都明白。但是，如果我们在学生做错事时只会把他们赶出教室，又怎么能期望他们在以后的课堂上会做得更好呢？

在学生从办公室回到课堂或停学结束后，不当行为已得到惩处，但各方关系并未修复。学生和老师之间或同学之间的关系可能仍然紧张。你没有修复学生可能对整个班级造成的损害，这就破坏了课堂气氛，整个班的人都如坐针毡，紧张不安。

怎么办？修复关系——在教室当堂修复。为此，全班都要参与进来。

方法：组建学生圈

作为一名教师，首要任务是不要让学生轻易地离开教室。许多学校的目标是让学生在教室内上课，充分利用课堂从而优化学生们的学习体验。当孩子们在课堂上时，我们会看到更高的出勤率、更高的考试成绩和更积极的课堂氛围。而当我们把行为不当的孩子送到校长办公室时，一切都会付之东流。

与其发生这样的情况，不如寻找新的方法来处理不当行为，比如组建学生圈。学生圈能让你在不失去任何一个学生的情况下达成课堂目标。

如你所料，学生圈是所有参与者面对面坐成一圈的聚会，旨在促进开放、直接的交流。学生圈提供了一个安全和积极的空间，每个人都可以自由地谈论敏感话题，可以消除分歧并建立共识。最重要的是，在这个圈子里，学生们享有一样的权利和责任。

学生圈不是只有在发生冲突时才能使用。还可以用"报到圈"引入课程，开始美好的一天，邀请学生分享自己的感受并倾听他人的感受。

- 让所有学生围成一圈坐下。
- 教师应该加入这个圈子，表明他们是这类聚会的发起者和听众，而不是领导者。
- 以一个轻松的问题来破冰，比如："你昨天在网上读了什么有趣的东西？"
- 增加冥想训练以减轻压力并专注于当下。
  - **正念呼吸**。要求学生用鼻子吸气，用嘴巴呼气，一吸一呼持续六秒。教他们在缓慢吸气和呼气的同时有目的地注意自己的呼吸和心率。
  - **正念觉知**。让学生环顾教室，想想他们今天要因何事感恩。外面很冷，在温暖的教室里舒服吗？灯光是否为教室带来了足够的光明，让每个人都能看到彼此？

洗手液如何帮助每个人保持卫生？给学生一些时间与周围的世界重建联系可能会帮助他们融入这个圈子，并以积极的态度开始新的一天。

○ **表达感激**。让学生轮流分享他们对生活的感激之情。引导性的问题包括："你今天想感谢什么？最近谁激励了你？本周所完成的哪些事让你引以为荣？"当学习者停下来反思他们积极的一面时，会更容易实现向积极的课堂文化过渡。

● 每天早上至少花五分钟来建设圈子。当学生逐渐习惯时，可以增加练习时间；如果你们的日程安排中有其他优先事项，则减少练习时间。

● 如果学生选择退出，请务必同意。请记住，恢复性实践是基于尊重的。

当你尝试解决课堂上的特定问题或消除疑虑时，恢复性的学生圈也可以成为你的利器。

● 告诉学生"围坐"成一圈，就像在早上"报到圈"中所做的那样。

● 通过加入学生圈，表明你是发起者和倾听者，而不是领导者。

● 作为发起者，找出引发冲突或课堂问题的关键因素。

● 营造教室谈话的氛围，并说清你的目标。例如："请收起手机，发言棒传到你手里时再说话。现在，让我们回想一下上课时发生的小插曲。谁先开始？"

- 一旦学生开始向他人表述自己对某个问题或行为的不满，就向小组成员提出后续问题，例如："你对此有何看法？""为什么扔铅笔会让你心烦意乱？"让学生有机会互相负起责任，讨论修复伤害的方法，然后继续上课。

- 一旦讨论变得重复或学生们开始沉默，就该结束这次圆圈班会了。

- 在圆圈班会结束之前，讨论以后的步骤，回顾学生们达成的解决方案。

- 要求学生解散圈子，意味着他们要迅速把椅子放回原位。

- 在回到教学计划之前，预览并重置课堂目标。

专业技巧："总结圈"（用于在课堂结束时总结问题）对于经验丰富的教师和课堂成员来说是一个很好的选择。一旦你和你的学生掌握了"圈子法"，学生即可组织他们自己的圈子来"澄清"你可能不知道的问题。可使用以下原则来组织学生主导的"总结圈"：

- 学生可以在一周中的任何一天组织"总结圈"，但是仅限于课堂的最后五分钟。

- 组织圈子的学生成为发起者，而教师仍然是小组的一员，指导讨论并帮助维持规范。

学生圈是学生集体解决问题的有效方式。它可以用来积极地开始新的一天，也可以用来加强积极的沟通和化解冲突。

- 一旦学生向小组成员倾诉了自己的不满，就请其他人对此发表评论。例如，坎迪（Candy）说："有人偷了我的文件夹，最让人恼火的是里面有我项目需要的重要文件。"另一名学生说："是的，我的耳塞也被偷了。我妈妈花了很多钱买的，我要把它们找回来。"

- 推动解决方案，并询问圈子中的其他人，你们可以如何帮助避免这些行为。"我们需要互相支持。如果你看到了什么，就说出来。"另一位学生补充道："好吧，我看到你的文件夹好像在汉娜那儿，是你借给她的？"

- 下课之前，必须解散圈子。发起者应回顾所关注的问题和解决办法。

- 第二天，预览并重新设定课堂规范，或将主题添加到"报到圈"中。

未来你能做些什么

　　学生圈是学生集体解决问题的有效方式。它可以用来积极地开始新的一天，也可以用来加强积极的沟通和化解冲突。你可以自己设计，或使用以下步骤组织你的第一个学生圈。

- **创建安全的环境。**无论是坐在课桌前还是单独的椅子上，学生都应该能够面对面地围成一圈，且能感觉到这样很安全——学生圈本身也应该很安全。你应该明确表示对此次讨论不做正误评断，不能有任何猜测或主观臆断，这样学生们就会有安全感。如果任何学生违反这些规则，他们将被排除在学生圈之外。你会惊讶地发现这很有效！学生们很快就会意识到成为一个学生圈的一部分会很强大。（有用的提示：如果个人安全难以得到保障，学生圈就不会起作用。请回到调解部分。）

- **建立规则。** 使用发言棒作为当前发言者的标志。确保大家有序发言，而不是争先恐后地一起说。制定严格的原则，"只谈事实"。告诉学生们可以畅所欲言，但前提是他们从自己的视角以第一人称发言。请参阅"方法 6　教授正念"。

- **促进交流。** 表扬开诚布公和富有成效的对话，并感谢所有愿意分享的人。示例："哇！当着大家的面承认你有时在课堂上感到尴尬一定很难。谢谢你愿意分享。真心感谢！"积极的肯定通常会带来学生主动的参与。

- **赞美同理心。** 表扬任何表现出同理心的学生，帮助学生培养对同理心的欣赏。当学生能够识别情绪时，他们的情感素养就会提高，这有助于他们建立起培养同理心的学生圈，也能训练学生在其他情况下运用同理心。

- **结束**。当你觉得讨论已经结束时，如果你们已经讨论并确定了修复伤害的方案，请回顾发生的事情并描述后续步骤。感谢所有参加的人。最后，可以提醒学生们在课堂上保持学生圈意识。

行动方案

我们的目的不仅仅是要建立一个临时圈子，而是要将建立学生圈作为应对各种情况的一种方式。

第一步：让恢复性圈子成为常态

圈子可以用来规范学生的行为，塑造你期待他们能有的行为举止，也可以通过对学生表示肯定与认可从而鼓励他们积极的行为，还可以用来在你的课堂上培养某种习惯。当班级需要消除不当行为或化解冲突时，学生应该明确后续会发生什么，这为解决问题奠定了基础。

第二步：组织学生圈

你可以在活动开始时先说明规则，再指出一种不当行为，并指出由此带来的后果。如果问题仍未解决，就该形成一个学生圈了。

- **让学生"围成一圈"**。要让学生明白你是希望他们搬起椅子并围成一圈坐下。一开始，应该只有教师才能组织学生圈。一段时间后，教师可以授权学生组成圈子并让他们承担责任。
- **设定时间**。你需要确定处理事件的适当时间。如果不设定时间，学生可能会以学生圈为借口逃避上课，谈话也不会那么有效。可根据课堂安排和事件的重要程度设置时间，但应尽量控制在 2 ～ 10 分钟。
- **讨论问题**。通过传递发言棒来讨论遇到的问题。运用上述策略鼓励相互尊重的对话和以解决问题为导向的思维。
- **审视解决方案**。学生圈的最后一个环节是谈论后续问题。学生是否需要收拾烂摊子、写道歉信或放学后留下来整理教室用品？如果是课堂上发生的问题，解决方案也应该在课堂上实施。老师需要马上换座位吗？让全班学生参与讨论意味着让他们参与制订解决方案，并负责实施该方案。

第三步：跟进

学生圈确定了学生如何修复伤害。须总结要点和解决方案，然后感谢全班同学的参与。感谢全班同学为改善班级课堂风气所做出的努力，这有助于营造互敬互爱的班级共同体。圆圈班会结束后，在上课前教师应再次宣布课堂规则。示例："好了，我们将重新开始复习复合句。大家回到座位后，就把手机收起来，打

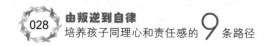

开课本。"根据你的课堂规定，你可能仍需要将不良行为的后果
告知涉事学生。可以在课后一对一地与他们交谈。

克服阻力

　　学生圈是号称"无形的手"的课堂监测系统的一部分，但
并非随时随地就能开得起这种代价高昂的交谈会。这需要投入时
间和精力，而且你几乎不可避免地会在投入阶段遇到阻力。

　　"学生圈占用了课堂时间。"是的，的确如此。这是迄今为
止学生圈存在的最大的弊端。但是重要的是，圆圈班会进行过程
中你可以做主，你可以说一句"可以了，我们继续上课"之类的
话，从而让课堂回到正轨，或者干脆就暂停上课。学生圈确实是
课堂上的利器。起初，你需要花时间让圆圈班会成为一种习惯性
做法；随着学生们逐渐掌握这种方法，你需要花费的时间就会越
来越少。作为老师，你要权衡优先次序，并确定是否值得花那么
多时间开展一场圆圈班会，这就要为你和你的班级做出一个最好
的时间规划。如果你决定开展圆圈班会，那它将自然而然地成为
课堂氛围的一部分，学生的不良行为也会开始自行纠正。

　　慢慢地，你就会注意到，班里其他同学跟小老师似的盯着
行为不端的学生，然后无须你介入，不良行为就已经被制止了。
简直太神奇了！

　　"这需要花太长时间。"对课堂气氛和校园文化的投入并不
能一下子就得到回报。但你花时间促成建立一个学生圈会有利于
课堂气氛，有利于学生，也能减少以后你需要对学生进行反复指

导的次数。在新学年开始的那段时间，我们通常每周要进行一到两次恢复性会谈；到第三个月末，举行会谈的频率会下降到每两周一次甚至更低。事实就摆在眼前，对恢复性学生圈需求的减少表明了学生在这个过程中成长了，不再做出不良行为了。

"这难道不是集体惩罚吗？"这是对文化建设的集体投资，汇聚力量、齐心协力对付不良行为，营造一种对课堂学习共同体的强烈归属感。一场圆圈班会结束后，班级共同体可以增强学生的自我责任感，促进有效措施的实施。我们应该将其视为一个倾听学生心声、纠正不良行为的机会，而不是一种惩罚。

方法实战

梅纳德老师（Mr. Maynard）正背对着全班学生的时候，一支铅笔嗖的一声从他头顶飞过。他转过身来，看到詹姆斯脸上带着愧疚的表情。梅纳德老师想把詹姆斯赶出教室，毕竟那支铅笔差点就击中他，必须给詹姆斯一点教训。如果梅纳德老师让詹姆斯留在教室里，那么周二班里一半的学生恐怕要把荧光笔在教室里扔来扔去了。他必须迅速、果断地解决这个问题。

正当梅纳德老师准备开口时，一个名叫朱莉娅（Julia）的学生说："围成一圈。"所有学生立即搬起他们的椅子围成一圈坐下来。"莎拉（Sarah），你来计时好吗？我们有两分钟时间。"朱莉娅一边说着，一边拿起班里公认的万能"话筒"——一个笑脸减压软球。接着她开始了这场圆圈班会："我不知道这支铅笔是谁扔的，但是我差点被击中，而且是在我认真听讲的时候，所以我很不高兴。虽然我不喜欢数学，但是我知道必须把这门课学好。谁该对这件事负责？"

有几个学生默默地看向詹姆斯，詹姆斯低下了头。

一个健谈的学生激动地举起手。他接过减压软球说："梅纳德老师差点就被铅笔击中了，对此我很不高兴，这一点都不酷。"

还有几个学生也加入了化解冲突的讨论。两分钟后，莎拉说："时间到！行动环节应该做些什么呢？"

朱莉娅说："我认为扔铅笔的人应该写一封道歉信给梅纳德老师，而且要给班里每位同学也写一封。这样可以吗，梅纳德老师？"

梅纳德老师答道："好主意。那让我们回来继续学习这些有趣的多项式。"

学生们把椅子搬回自己的位置，梅纳德老师也继续上他的课。课后，梅纳德老师找詹姆斯谈了谈这件事。

"孩子，我们课堂规范中有一条，就是要保持安全和清洁的环境，扔铅笔绝对是违反了这条课堂规范。这种行为的后果就是你的行为积分会被扣 5 分。别忘了你还得写道歉信来修复你给大家带来的伤害，请在周一前把信写好了发给大家。"

詹姆斯点点头，继续去上他的下一节课。第二天早上，他就把道歉信交到大家手里了。

恢复性学生圈能让大家以积极的态度开启新的一天，也能为学生营造有安全感的氛围来解决课堂上的行为问题，以促进改变。学生圈提供了一个共同体论坛，可以巩固同学之间的关系，提升沟通的价值。这些学生圈构建了一个相互支持而非相互排挤的空间。学生在这里可以讨论敏感话题，解决分歧并达成共识。让学生圈成为你课堂的一部分吧，这样可以减少不良行为，增强学生的同理心。

方法 3

修复伤害

教导学生对自己的行为负直接责任

我们要么花费时间来满足孩子的情感需求，对他们关怀备至，要么花费时间去处理他们因情感需求得不到满足而引发的不良行为。不管怎样，我们都需要花费时间。

——帕姆·利奥（Pam Leo），著有《传承的教育》（*Connection Parenting*）

问题：惩罚方案收效甚微

停学、留堂和移交办公室都有一个问题：这三者都是排他性的。亚瑟（Asher）扔铅笔＋芬利（Finlee）扔铅笔＝两次移交办公室。他们都会被叫出教室，从惩罚方案中得出一个结论：扔铅笔＝移交办公室。如果亚瑟因为去办公室而缺课，他第二天在你进行的突击小测验中会表现如何？他能理解从未学过的东西并在考试中取得好成绩吗？也许他会回忆起前一天发生的事情："哦，扔铅笔＝我不必上这门课。"这可能会匪夷所思，但确实有些学生并不想待在教室。他们很快就会意识到，传统的惩罚措施能让他们逃离某些活动，而他们会利用惩罚制度来达到自己的目的。

为什么有的学生宁可自己被排除在课堂之外？可能是因为以下任意原因的组合：

- 跟不上课程。
- 与同学或老师的关系不睦。
- 有原因不明的疾病让他们难以集中注意力。
- 在环境中感到不受欢迎或感到不安全。
- 与课堂气氛格格不入。
- 无法融入集体。
- 觉得无聊。
- 不喜欢某项活动或某门课。

传统的惩罚制度并没有教育意义，也很少有思辨性。这种制度甚至几乎不关心学生的个性。当出现问题时，我们会立即问：

- 这违反了哪些规章制度？
- 谁违反了这些规章制度？
- 他们应该受到什么惩罚？

我们列出了一系列可能的惩罚，其中最严重的是停学。停学可能会对违反了规则或辜负了他人期望的学生有帮助，但，也可能没有。

停学的优点：

- 教导学生消极行为会带来后果。
- 将陷入困境的学生从当前环境中移除一段时间。
- 减少课堂干扰。
- 减轻教师课堂管理压力。

停学的负面影响：

- 可能会给学生贴标签。
- 属于临时急救法，几乎没有长远效果。
- 受罚者从中能学到的很少。
- 无助于承担责任。
- 并非常规教学手段。
- 停学和开除使高风险学生离群索居，可能导致更高的辍学率和更多犯罪活动。

停课是否利大于弊？还是说，我们是在无视学生的个体差异，而对他们施加同样的惩罚，强迫他们进入同样的模式？这些传统的惩罚并不关注不当行为的受害者，也不关注这种不当行为对课堂气氛的影响。这些惩罚传达的信息是"某些行为是不能容忍的"，但亚瑟和芬利最终还是会回到那间教室。他们会结束停学，回到教室，但几乎什么都不会改变。我们针对负面行为给出了处理结果，但无法弥补任何其他受影响者所受到的伤害。停学的学生知道扔铅笔会使他们离开教室，但他们最终会回到教室。

因为惩罚结果与学生的不当行为没有实现关联，所以不当行为无法得到纠正。如果惩罚结果不合逻辑（即惩罚结果无法关联学生的不当行为），并且学生内心没有意识到他的行为对他人的影响，或没有意识到惩罚结果对自己的长远影响，则惩罚无效。（只有运用同理心带来的神奇的情感觉醒，才可谓有效。）如果要教导学生停止不当行为，我们需要用其他方法来实现这种效果。

方法：修复伤害

为不当行为承担起责任是每项修复行动的基本宗旨。这些行动旨在让学生修复自己造成的伤害，并且修复方式应该与他们造成的伤害直接相关。例如，如果有学生在餐厅扔食物，就可以让他／她放学后打扫餐厅。

创建恢复性公正既简单又有效，还可以改善学校风气。参与这一创建过程的学生能在身处的境遇中负起个人责任，并承担自己行为的后果。

当我们试图修复伤害时，我们可以先提出两个问题：你的行为伤害了谁？你将如何修复这种伤害？鉴于已经造成了后果，学生必须思考该如何回答或如何做，且愿意参与其中。可以给学生提供两种选择：

1. 你可以和我一起想解决方案。
2. 我来想解决方案，但我不会接受反驳。

这通常会使学生产生参与感，愿意参与制订解决方案。

恢复性实践是有效的，因为它将每一次冲突都转化为学习机会。它不只是给不当行为贴上标签然后给出一个不假思索的结果，而是试图理解该行为。反过来，这可以确保你们一起应对可能影响决策的每个因素。这种做法的重点是修复已经发生的伤害。它还可以在学校里营造一种共同体意识，并通过倾听各方的意见来修复破裂的关系。

恢复性实践效果显著的另一个重要原因是：它可以让犯错者准确地听到受害者和/或利益相关者如何受到不当行为的影响，这有助于学生培养同理心。让学生坐在他伤害的人面前，承认自己的错误，并询问他如何修复伤害，这种做法是很有震撼力的。大多数时候，事情会以道歉结束，但这开启了基于相互尊重的对话，所有学生都能参与解决问题的过程。

如果学生们觉得自己的想法没有被倾听，他们可能会拒绝接受任何处理方案。相反，允许他们参与这些处理方案的制订，能够鼓励他们参与修复伤害的过程，并在这样的经历中成长。

未来你能做些什么

如果学生在课堂上犯了错误，就让该学生想出一个处理方案，让他能够修复对他人、课堂气氛或整个学校风气造成的伤害，这能增强学生的参与感并培养他们解决问题的能力。

- **启动**。确定学生造成了什么伤害，以及对谁造成了伤害。你的第一个问题可以包括：
  - 发生了什么？
  - 谁受到了你所做的事情的影响？
- **移情**。学生们必须考虑他人的观点，以获悉自己如何影响了他人。可以使用启发式的问题：
  - 当 _____ 发生时，你认为他们是什么感觉？
  - 你认为 _____ 在哪些方面影响了他们？
- **分析**。在分析阶段，学生必须提出修复伤害的方法。对于学生来说，在提示下自己想出修复伤害的方案是很重要的。在设计修复伤害的方案时，可尝试使用这些启发式问题：
  - 你认为自己需要怎么做才能摆平这件事？
  - 为了修复伤害，你将会如何执行这个计划？
  - 你所做的一切如何修复已经造成的伤害？
  - 你的方法是否顾及到了所有受到这种不当行为影响的人？

- **执行**。执行你和学生设计的处理方案。
- **反思**。如果学生可以与家长协作的话，可采取这一
  步骤。家长和学生可以一起复盘不当行为，以及该
  行为对他人的影响；复盘伤害的修复方案是怎么想
  出来的，是如何执行的，以及是否真的修复了伤害。
  他们还应该讨论学生在这个过程中的感受。除了与
  家长沟通，教师还要帮助学生制订行动计划，防止
  不当行为再次发生。

行动方案

你可以使用以下蓝图从头到尾分解此过程，并帮助学生承
担处理不当行为的责任。

第一步：深入研究不当行为

首先要干脆利落地处理问题。"亚瑟，我看到你从房间另
一头朝迦勒（Caleb）扔铅笔。你为什么要这么做？"在尝试理
解该行为的同时提出启发式问题。当学生们敞开心扉或承担责
任时，请积极地回应他们，这能鼓励他们畅所欲言。在这个过
程中，你可能会发现学生所经历的远比你知道的多。

当我们观察一种行为时，我们可以尝试用"冰山视角"，要

意识到每种行为背后都有深层原因。你可能只是看到有人发怒并认为这就是事情的全部。但是，当你提出启发性的问题并尝试理解该行为时，你可能会发现其他因素。例如，你知道亚瑟是因为生气而扔了铅笔，但如果以"冰山视角"问他为什么生气，问他一些启发式的问

当我们观察一种行为时，我们可以尝试用"冰山视角"，要意识到每种行为背后都有深层原因。

题，你可能会了解到他的父亲最近搬走了，他的父母为离婚而焦头烂额。他妈妈今天让他穿上了他最不喜欢的衬衫，因为他其余的衣服都脏了。他也不知道如何做老师在课堂上讲的多项式，而且他"知道"下周的考试他会不及格。

这些背后的原因能使他向同龄人扔铅笔这件事变得可以接受吗？绝对不能。但了解这些背后的事情能帮助你理解他，不仅把他作为学生，而且是从一个完整的孩子的角度来理解他。

一旦你了解了亚瑟的"冰山"下有什么，你就可以开始促进改变，修复人际关系和校园文化。你不仅可以处理向同学扔铅笔的具体事件，还可以采取措施减轻亚瑟的焦虑，并帮助他消除导致这种行为的因素。如果你没有花时间潜入"水"中并检查他的"冰山"，你就永远无法找到不当行为的根本原因，也无法帮助他并避免这些行为再次发生。

第二步：确定利益相关者

一旦你理解了该行为的原因，你就可以帮助亚瑟做出改变。让他说出他扔铅笔影响了谁。它影响了亚瑟本人；影响了另一个

学生，他扔铅笔作为报复；还有不得不中断课程以解决投掷问题的老师；涉及两名学生的父母，他们现在必须调查这种不当行为的原因；还有班上的其他人，他们的课堂被这种行为干扰了。

作为教育工作者，对我们来说这部分做起来很简单，但我们希望学生能找出所有相关人员。要让学生确定受影响者，关键是要提出启发式问题。比如，扔铅笔影响了谁？还有谁？如果其他人看到了这件事，他们会受到什么影响？继续挖掘，直到亚瑟列出所有受他行为影响的人。

你还要让学生明确每个利益相关者是如何受到影响的。可以继续使用启发式问题引导学生，但不要直接给他们答案。他们想得越认真，这个过程就会越有效。这是他们同理心发展中与认知相关的部分：让学生代入别人的视角，这有助于他们对他人所经历的事情产生同理心——这种同理心会在他们的后续行为中表现出来。

第三步：修复伤害

这是责任和补偿部分。你接下来要做的是纠正错误，修复伤害。要继续指导学生做出决定，但不必告诉他们具体如何做。让他们思考修复伤害的方法，并通过启发式问题引导他们找到解决方案。以下是一个教师和一个学生决定如何和同学一起修复伤害的示例：

威利先生说："所以说班上的其他人看到了你扔铅笔，大家都笑了，他们因此无法集中注意力。你要怎么和班上同学一起解决这个问题呢？"

　　亚瑟说："我不知道。我做不到。"

　　威利先生回答说："你可以的。我们一起想想看。他们全都不听课了，都笑了起来。如果有人之前落下了功课，需要好好上这一节课怎么办？或者，如果他们中的一些人因为看到你扔铅笔而分心了，无法顺利完成后面的课程怎么办？如果你的同学被铅笔击中会怎样？哇，那就太糟糕了。"

　　亚瑟回答说："我无法弥补我所做的。覆水难收。"

　　"我理解你的想法。"威利先生安慰他说，"但我们可以补救。有什么方法可以让你同时跟班上的所有人说话？"

　　亚瑟想了想，开口道："我可以跟他们一起聊聊。"

　　威利先生微笑着回答说："哇，你看，我就知道你能行。那我们一起跟他们谈谈。现在我们来练习一下你要说什么。"

　　这是一场艰难的对话，但也是一场典型的讨论。直接说"亚瑟，你需要向全班道歉"会更容易。但是为了学生真正从错误中学习，为了学生的不当行为得以永久改变，你要让学生能在你的指导下自行得出解决方案。实践几次之后，会变得更容易。

　　在同龄人面前道歉，其中的恐惧不容小觑。先要让学生练习，分角色演练他们要说的话，并设定严格的规则。"感谢你练习自己要说的话，感谢你为自己行为的影响负责。在此之后，这件事情就过去了。但是，如果你不认真对待这件事，请理解我不得不让你承担更严重的后果。"你不必让他们知道是什么后果，但可以预告后果一定会到来。我们这样做了十多年，只有少数学生不把它当回事。

如果你成功地引导他们完成了这个过程，他们就会相信道歉是有效的。

接下来，涉事学生必须与其他学生一起修复伤害。有关调解的更多信息，请参见"方法 1　让我们来谈一谈"和"方法 2　建立学生圈"。

无论你们是在一对一的对话中还是在小组讨论中解决问题，最终的结果都应该是做出修复伤害的行动，从而让所有利益相关者释怀，例如写道歉信、面对面地道歉、为共同体服务、围绕某种行为的负面影响开设课程并进行展示（如"为什么在学校／工作中说脏话无益"）、撰写与他们的行为相关的报告，和／或让学生围绕他们的行为促进同龄群体的发展（如开展反欺凌课程）。这件事没有一定之规，但请记住，它必须符合逻辑并与不当行为相关。

第四步：重新融入

一旦学生与利益相关者一起修复了伤害，就该让他们重新融入课堂了，同时这也是重置课堂的时候。比如你可以说："我知道大家刚才有点分心，但亚瑟及时道歉了。所以让我们回到刚才被打断的地方。不过，在我们开始之前，请记住我们是一起面对并解决问题的。我以你们为荣。嗯，我们刚才讲到哪里了？"

这是将所有人拉回课堂的一种快速、简便的方法。稍后也要尝试与亚瑟沟通。比如说："嘿，你之前的道歉做得很好，还化解了你和芬利的矛盾。这才是我想要看到的你。保持下去！"以击掌和微笑结束这一切。我的经验是，每次重置时，都应该有三次肯定——而且最好是发生在同一天。请记住，良好的关系就是一切。

克服阻力

数据使本节内容不言自明。你可以很快发现：大量数据表明，恢复性实践是有效且值得的。我们已经实践了十多年，发现它对各方都有好处。但这并不意味着每个人都会同意这一点。

"恢复性实践并不适用于所有学生。"当然，它可能并不适用于所有情况下的所有学生。学生是独一无二的，导致冲突的具体情况也是如此。学生有不同的背景、不同的家庭经济状况和不同程度的童年阴影。我可以告诉你，目前的惩罚制度也没有一个适用于所有人的工作模式。我还可以告诉你，恢复性实践可以极大程度地培养同理心，加强人际关系，促进积极的沟通——即使它不是 100% 有效。恢复性实践可能不是灵丹妙药，但它是你工具箱中的利器，比惩罚性制度更适用于所有人。

"这一切太麻烦了。"我们清楚送学生去办公室要容易得多，但这么做用处不大，这也不是什么秘密。一旦学生回来，他的不良行为还会继续下去，甚至可能变得更糟。当一个学生被送出教室，然后什么都没改就回来，也会极大地影响班风。而一旦你开始使用恢复性惩戒，你就会乐此不疲了。并不是说你永远不能将学生送到办公室，因为在某些情况下你仍然必须这样做。但即使是在这些情况下，恢复性惩戒仍然有一席之地，因为学生可以在重新融入课堂之前修复自己造成的伤害，从而恢复课堂气氛。

"并非所有教师都受过培训。"未经培训的教师有多种选择。你可以向他们推荐这本书，或者让他们在你谈话和调解时进行观摩学习。一旦其他教师看到这种做法，他们就会成为这种做法的倡导者。我们已经看到，当老师们发现恢复性惩戒成果喜人时，这种方法就像燎原烈火一样得到推广。

简而言之，恢复性公正化解了学校内日益严重的纪律危机。"从学校到监狱的通道"真实而令人震惊。然而，通过恢复性公正，我们可以阻止这种趋势。

"老狗学不会新把戏，改变是艰难的。"如果你已经是一位经验丰富的老师，为什么要改变？因为教学不仅仅是数学、科学和英语，教学包罗万象。学生需要我们教他们如何成功。他们需要学习必要的技能来解决冲突、发表意见并在犯错时及时得到纠正。去校长办公室并不能解决这些问题，但与他们坐下来讨论他们的行为并教他们如何改善，则可以解决这些问题。

方法实战

学生午餐时间，轮到我值班督察。我注意到后桌传来一阵骚动。当我穿过人群和各式手机，到达事发地，我看到詹姆斯泪流满面，他的一个朋友把他拉向了出口。我还注意到克雷格（Craig）在来回走动，浑身是牛奶。

在通过对讲机寻求帮助后，我把两个学生分开，观望接下来会发生什么。他们两个一直在一起，是一对好朋友。他们之间会发生这样的事，真是不可思议。詹姆斯是两者中更容易激动的（因此也更有可能在调解中出现情绪不稳），所以我和他先聊了聊。他告诉我，克雷格一直说他很胖，还说这就是没有人想和他一起去参加返校节的原因。詹姆斯说："当他第一次说这句话时，我们都笑了，因为他一直对我的体重有点嫌弃。但他一直说，我就觉得没那么好笑了，你懂的吧？于是我把牛奶从他嘴里打飞了。"他说，克雷格随后推开桌子，想打他，其他人把他拉了回去。

詹姆斯知道他做错了什么，也知道自己为什么这样做。詹姆斯还同意通过调解来与克雷格化解冲突，愿意分享他的感受，包括他对餐厅冲突的感受。当我与克雷格讨论事发情况时，他的说法与詹姆斯一致，他也承认自己错了。

我们走进大厅尽头的开放教室，远离好奇的路人，开始调解。我一开始就说："我们要谈谈几分钟前在餐厅发生的事情。这种行为是完全不能被接受的，但你们都同意通过调解来解决问题。你们觉得可以在此时此地解决刚才所发生的事情吗？"

他们点头后，我继续说道："现在，规则是这样的，每人轮流发言，有问题请举手，我负责调解。如果你不开心，可以出去冷静一下。如果你就坐在门外，并且两分钟之内回来，我们继续调解。否则，我们只好让教务主任处理这件事，而他未必会听你们的想法。你们都明白并同意这些规则吗？"

他们点头后，我同意开始调解。

我首先请詹姆斯重述了一下他对所发生的事情的看法。詹姆斯解释了克雷格是如何取笑他的体重的，还说这就是他无法参加返校节的原因。"我通常不会在乎，但我今天心情不太好。我妈妈刚搬出去，我太难受了。"他说。詹姆斯为将牛奶洒在克雷格的身上而道歉。

然后克雷格陈述了他的立场，他说："我不知道你妈妈的事。对不起，兄弟。我说这些没有什么恶意，你知道的。我不会再讲这些烦你了。"

当时，作为调解员，我觉得问题得到了解决。所以我说："谢谢你们，孩子们。你们做得很好。你们两个认为问题解决了吗？"他们都点了点头。我说："是的，我也认为问题解决了。接下来是下一步的处理结果。你们俩在餐厅大闹了一场，搞得一团糟。今天放学后，你们要留下来打扫，拖地，清理整个餐厅。我会通知门卫安排的。3: 45 在餐厅集合。打扫完后，事情就算结束了。"

专业技巧：可以邀请其他相关人员（围坐在桌子旁的学生、家长和其他可能参与此事的学生）进行调解。当有多个学生卷入争执时，或者当你与一个难相处的学生打交道时，你就可以这样做。该学生能从同龄人的言论中受益良多。

恢复性规训将原本可能导致惩罚的事件变成了一种机会。冲突让学生有机会了解自己的行为造成的影响，了解他们有义务为自己的行为承担责任，并采取措施纠正错误。他们能够解决问题，并用自己的方式来修复伤害，为永久性地改变自己的行为方式奠定基础，而不只是在表层解决问题。

方法 4

扔掉规则
设立清晰一致的期望

他人对我们的期望帮助我们塑造了对自己的期望。

——韦斯·摩尔（Wes Moore），罗宾汉公司首席执行官，著有《另一个韦斯·摩尔：同名不同命》
（*The Other Wes Moore: One Name, Two Fates*）

问题：依赖规则是行不通的

教室应当是一个让学生们感到舒适自在的地方。对有些学生而言，在这样的教室里，他们会有安全感和归属感，就像在自己家一样；然而对另一些学生而言，教室不过是给他们提供了一个避风港，能让他们从个人生活的压力与动荡中抽离出来。我们常常会全神贯注于考试成绩、差异化教学、班级日常行为规范这类能够得到验证的规则，以至于忘记了要创设积极的教室文化。教室文化并不是自发产生的，而是要人为构造、培养、保持的。它并不是能让教室变得令学生喜欢的正确规则，而是和睦的关系和适当的期待。

那规则有什么问题呢？第一，规则往往只针对我们想要避免的某些特定行为，却难以解决全局问题。举个例子，一位老师制定了一条规则，规定学生们不能乱扔纸片。然而，她可能会遇到这种情况：有学生在教室里乱扔荧光笔，并宣称对他施以惩罚是不公平的，因为确切地说，他并没有违反规则，毕竟他扔的不是纸片。孩子们最擅长找漏洞。过于具体的规则会诱使最具创新精神和最淘气的学生去挑战界限。

第二，一般而言，规则只是教学生们**不应**怎么做，而且通常只适用于特定情况。比如嚼口香糖，小孩子们嚼口香糖合适吗？没问题。所以我们真的要告诉学生不要嚼口香糖吗？还是说我们的目的其实只是教他们在嚼口香糖时要尊重他人，不要打扰到他人，嚼完以后扔到垃圾桶里，保持环境安全整洁？教导学生遵循法规精神而不仅仅是法规条文，还是很有必要的。我们要学会绕过规则，跳出传统思维模式思考。

方法：打破常规

如果学生们知道如何独立获得成功，那他们肯定会去做。但是学生们需要有人引导。要教他们怎么做，而不仅仅是告诉他们什么不能做。教师们必须在期望学生获得成功的同时，教导他们如何做才能达到我们的高期望值。

我们先要设定好对学生的期望，学生们也要设定好对同学和对自己的期望。多考虑期望而不是规则，这一点很重要。老师们可能会发现，在这些长远、宽松的期望之下，他们工作起来也更自由了。这些期望可以帮助教师创设他们自己认为对学生最好的教室环境，也能够得到灵活调整以适应独特的新环境。

把你理想的一套教室准则列出来贴在学生们可以看到的地方。要确保学生们能够清楚地理解这些规则，并知晓这些期望对教室环境和他们自身学习的重要性。如果不能保证学生们了解其重要性，我们就很难指望学生坚持达到这些期望。

从这里开始，以这些准则为基础，培养学生们良好的行为。

设想你的学生们正在用电脑查询信息，你在教室里来回走动，随时准备为学生解答疑惑，提供指导。这时，你突然看见一个学生在玩赛车游戏，而不是在查询亚马孙热带雨林的相关知识。他抬起头，意识到自己被发现了，试图迅速切换页面。你跟他的对话可能是这样的：

"嘿，胡安（Juan），我看到你正在查询亚马孙热带雨林里鸟类的信息。这个话题范围太广了，我敢打赌，如果你把范围缩小到特定种类的鸟，肯定会找到更好的资源，这也更有助于你富有成效地做事。目前，你对哪种鸟类特别感兴趣？"（停顿一下，给他一个回答的机会。）"没有？那好，几分钟之后我会回来看看你是否需要我帮助你缩小搜索范围。我要看看你的进展如何。"

让学生们都参与制定班级行为规范，全班同学一起讨论这些规范如何影响到每一名学生；如果有人违犯这些规范，会给大家带来怎样的影响。

在这个场景中，你不需要提及某项特定的规则，也不必特意引导学生远离不良行为。你要做的，只是在他需要时提供指引，使他集中精力不致分心。你提醒他此刻要达成的学习目标（富有成效地做事），需要稍微推他一下，帮助他成功完成任务（缩小他的搜索范围）。希望这次指导和你几分钟后的再次出现能让胡安专注于完成任务，远离电脑游戏。

请注意让所有学生的目标都朝向持守同样的规范。如果你希望所有学生都能够富有成效地去做事，那你必须要求他们都认真负责。或许正是由于你知道胡安在课堂上会捣鬼，所以才觉得有必要重新指导他。过了一会儿，你会注意到另一个学生，杰里米（Jeremy）也在玩电脑游戏，而不是在查询资料。和胡安不同，杰里米是个勤勉认真的学生。你也觉得，如果杰里米在课堂上没认真学习，那他一定是在自习课上或者在家里就已经完成任务了。那么，你会让杰里米继续打游戏吗？如果是的话，那这会对班级其他同学造成什么影响呢？规范适用于每个人。和胡安一样，杰里米也要退出游戏，回到课堂学习上来。

你觉得学生们需要什么样的环境才能获得成功呢？需要什么样的教室文化来支撑这样的环境呢？又需要什么样的态度、价值观、习惯来创建这种文化呢？让我们以这些问题为指引，来创建课堂规范以替代原有的教室规则吧。

未来你能做些什么

让学生们自己制定规则，有助于他们树立主人翁意识，培养同理心和责任感。若要建设恢复性课堂，或许没有什么方法比这个更好了。可以让学生们都参与制定班级行为规范，全班一起讨论这些规范如何影响到每一名学生，如果有人违反这些规范，会给大家带来怎样的影响。这些对话有助于将同理心融入课堂管理的核心。要想建立这个根基，你可以从明天开始尝试以下几个步骤，然后依此不断打磨改进。

- **开班会。**让学生们围成一圈，选个学生做记录。给学生们两分钟，让他们和自己旁边的同学讨论自己最喜欢的课或者最喜欢的老师，哪个年级的都可以。让他们思考一下，什么样的教室可以让他们感到安全、受尊重，并且环境益于学习。学生们会怎么描述自己的老师呢？老师与学生之间的互动怎样？学生相互之间的互动怎样？可以一个一个说，也可以让学生自愿分享，让记录员记下理想教室的特征。接下来，让学生们反过来讨论一下他们最讨厌的老师。他们与老师之间有什么冲突吗？他们在同学身上观察到哪些行为会产生不友好的环境或者不利于他们取得成功呢？再次让学生们分享自己的观点，并让记录员做好记录。

- **评估清单**。接下来，请同学们全面查看一下记录员所列清单。他们很有可能会注意到，他们最喜欢的教室是以清晰的行为规范而不是一系列生硬的规则作为文化支撑的。以这份清单为基础，你可与学生们一起制定你们自己教室的行为规范。的确，比起老师一个人制定行为规范，这样的方式更慢，也更耗费人力，但是手把手领着学生们制定出同样的行为规范意味着师生都会致力于遵守这一切。

- **保持简短**。既然你在读这本书，那也就是说，打造一个人人都能受到尊重的教室对你来说很重要。有哪些行为会阻碍这一目标的实现呢？你能想出五条吗？十五条呢？还有更多吗？事实上，你几乎不可能创建出一份详细的、可以涵盖所有潜在问题的规则清单。但是教室行为规范可以和尊重自己、尊重他人、尊重财产一样简单。规范务必简洁明了。当一个学生做出不尊重同学的举动时，请以明确的指导规范要求他改变自己的行为，以寻求更合适、更尊重同学的方法。

你可能难以忍受环境的杂乱，比如粘在课桌底部的口香糖、穿孔纸留下的褶边、糖果皮等，这些会令你崩溃。你发现自己一整天都在被迫归置椅子，把他们用过的东西放回他们的箱子里。更糟糕的是，学生们把书包、外套丢放在过道里，你还要努力从桌子间狭小的空隙中穿过去。你似乎需要列出一份保持班级秩序的详细规则，包括不许嚼口香糖、把所有垃圾都扔掉、不许吃糖果、把椅子推回去、借了东西要归还、把书包和外套放在课桌下面……哟！包括那个了吗？等一下……上周，第三节课有个人把果汁吐在了桌子上，而且没有擦干净，后来你发现一片狼藉，还黏糊糊的。所以最好加上一条：禁止喝果汁，甚至为了安全起见，禁止喝一切饮料。

也许不是这样。相反，只需设立一条简单的规范，但要让这条规范涵盖所有问题，并考虑到任何可能导致杂乱的因素，这个方法怎么样呢？答案是：保持环境安全整洁。

行动方案

摒弃规则意味着你要重新思考解决学生行为问题的方法并持之以恒。学生们需要了解行为规范，并对之负责。以下三种主要的方法可以帮助你确保行为规范在教室里发挥作用。

第一步：三思是否需要调整指导方式

我们致力于引导学生们做出决定，帮助他们获得成功，因此，当我们看到学生表现出的行为时，要去确认并验证，这一点

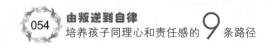

很重要。

事实上，有的时候，最好的指导就是不去管他。学生们完成了绘画活动，那就到了该清理干净、准备复习数学的时间了。科里（Cory）不想清理绘画用具，也不想复习数学，于是就躺在地上发脾气。你决定"忽视"他，转而去帮助其他同学把绘画用具放好，感谢这些同学的合作、参与。科里意识到自己发脾气并不能得到自己想得到的东西，就从地上爬起来，坐到座位上准备上数学课了。现在是你该注意到他的时候了。冲他微笑，并感谢他的配合。有责任感的学生和遵循指引的学生将会知道自己的行为是令人满意的，也能让教室环境变得更好，而那些不负责任的学生会迅速意识到，自己的行为对教室环境的改善并没有任何帮助。

青少年学生可能不会大发脾气，但是他们的逆反仍会扰乱课堂。对青少年而言，如果他们在年初开学时就能关注到你期望他们达到的行为规范，便会为日后在校园的表现定下基调。这一阶段的学生往往会注意到什么样的行为会得到认同与奖励。如果一个学生在课堂上举止不当或声音大到影响学习，那么你就将积极的注意力集中在那些参与课堂、尊重老师和同学的学生们身上。如果该学生继续我行我素，你可以直接跳到第三步。

另外，给学生话语权和选择权可以很好地强化其积极行为。当一个学生按时完成作业，表现出勤奋与责任感时，你可以考虑下次活动时给他两个或三个选择。能够选择如何分配自己的时间，可以强化他的积极行为，同时还能为同学们树立榜样：富有责任感可以带来某种程度上的自由。

第二步：建立恢复性公正

对于学生来说，了解你对他们的期望很重要。他们也需要知道，如果他们达不到期望，会有什么后果。理想情况下，你们学校应有一种行为制度，对恢复性策略进行概述（后面会有详细介绍），提供一种方法来记录所有课堂行为，避免学生再犯同样的行为错误。如果学校没有这样的制度，你就要制定自己的制度。这本书可以帮助你或者你所在的学校把真正对学生有用的恢复性实践落到实处。现在，你使用违例记分制度也好，行为记录表也好，或是用别的什么形式，你都需要制定出处理办法，如果之前没有的话。尽早制定并与学生交流这种处理办法，可以让你冷静地处理学生问题，避免权利争斗。学生既然已经知道了某种行为会招致何种后果，当你仅仅是遵循一开始就已定立的制度时，你就不是个人主观臆断了。

第三步：预先告知、警告并给出结果

树立期望、摒弃规则，这并不是说你永远不需要处理特殊的行为问题。为了让全班学生遵循行为规范，你可以参照以下步骤。

- **预先告知**。预先告知是提醒整个团队注意你的要求，包括一些较为具体的指导，这样学生们会知道如何做才能达到要求。预先告知也有助于解决预期中的难点。举个例子，学生们在为拼图阅读活动做准备，他们一坐到座位上，你就要提醒他们要求是什么：要富有成效地做事。你还要解释何谓富有成效。

"你们现在有 15 分钟的时间阅读并总结自己负责的文章段落，记得全程都要全神贯注并富有成效。为避免分心，请将你们的手机放在口袋里或者包里。如果还不到 15 分钟你就提前完成了任务，剩余的时间可以先阅读第 107 页，也就是今天晚上要阅读的内容。"

现在学生们清楚地知道怎样做才能获得成功了。他们知道自己需要投入到富有成效的阅读中去，知道要把手机放起来（这也是在解决你所担心的问题），也知道如果提前完成任务，要如何利用剩下的时间。

- **警告**。警告只能解决一个学生或者一组学生的问题，不能解决全班学生的问题。警告应该用于提醒学生，处理不符合要求的行为，提前告知学生如果执意继续这种不良行为将要承担怎样的后果。

让我们回到上面那个例子。学生们正在做拼图阅读，但你看到阿亚娜（Ayanna）头埋得很低，于是你俯下身，同情地问她发生什么事儿了。（记住在解决问题之前，要先关注人的情感。）她回答道："我完成任务了。"你说："太棒了！感谢你完成了总结任务，但是埋着头并不是有效学习，请打开书翻到第

107 页，先提前看看今天晚上的阅读任务。你已经完成了这么深入的总结，我可不愿意在这时候记下你一次违纪或者联系你的家长。"

你已经提醒了阿亚娜，希望她能富有成效地去做事，处理了她埋着头这一不好的行为，还预先告知了如果她继续这种行为，会有什么后果。在这件事上，你应该对阿亚娜报以微笑并给她一些空间，在你巡视的时候，给她一分钟调整状态。如果她做到了，就微笑着对她竖起大拇指，或者在你下次路过她的座位时说一句"谢谢你"，以此来强化她的积极行为。

- **给出结果。** 预先告知和警告只能用于强化规范，而在必要的时候你得让学生承担后果。后果应该和规范一样容易理解。学生们应该清楚地知道，如果做出不良行为，且在受到警告后仍然不改正，那么后果会是什么。你也需要准确地知道如何跟进这一流程。只需给学生一次警告。如果你对某一名学生进行了多次警告，那么其他学生就会想着自己也会得到多次警告，从而导致权利争斗。然而，在你让学生为自己的不良行为承担后果后，再去指导学生，他们就能意识到自己的行为给他人造成了伤害，而且你还给了他们机会去弥补这一伤害。

维持你和学生之间的关系，以及通过执行规范来保持教室文化，这两者之间像是一种微妙又棘手的平衡，但是你前期投入的越多，后期对个人进行的反复指导就越少。

也许阿亚娜是你喜欢的学生之一，但是对她来说，也要花上两周的时间恢复对你的好感。你看到她拿出书本，打开并翻到了第 107 页，但是头却快要垂到书本上了。你真的不想打破最近刚建立的良好关系，所以到底要不要再给她一次警告？不要。你只能给出一次警告，否则的话，警告就毫无意义了。

走近阿亚娜，再一次俯身凑近她，告诉她后果。"阿亚娜，我看到你又低着头，这让我非常失望。我知道一直保持专注会很难，但是我们已经谈论过一些积极的阅读策略来帮助你保持专心。不幸的是，因为你没有遵守班规，所以我要对你的行为记上一笔。我也真的不想这么做，所以我希望在我们进行本活动的下一环节时，我能看到你全程都在参与讨论。你很聪明，但希望我们不要因为愚蠢的行为功亏一篑。"

通过告诉学生这种行为会带来的后果，你才能保证在你的班级里，学生们一直愿意努力学习。你通过与阿亚娜共情，向她表示，她得到这种后果并不是老师要跟她过不去。

要记住，强制执行规范并不意味着你不喜欢学生；这是维持教室文化的必要环节，所有同学都要对此负责。班级执行这些既定的规范是为了对学生进行再引导，并不针对个人。要保持警惕，公平地给出结果，这一点是很重要的。你和学生个人之间的关系不应该影响到你如何追究该学生的责任。规范与结果对每一个人来说都必须是一视同仁的。唯一的例外就是对于那些有特殊教育需要的学生，你要和你的学生支持服务团队密切合作，制订出适合这类学生的具体行动计划。

克服阻力

学生、家长和领导们都习惯于这样一类老师：列一份清单，上面有不下于十条用于解决具体行为问题的班规。那么，一份在他们看来是笼统的、模糊的规则清单，可能会令他们难以接受。

"孩子们做什么都需要有规则约束。"你要解释说，你正在引导学生走向你所期望的方向。举个例子，学生们可以通过许多种方式来保持教室环境安全整洁。你想培养学生这方面的好习惯，进而达到你的期望，然后学生们就能够带着这样的好习惯，更好地步入社会。要强调我们需要的不是规则，而是规范；不是孩子们的顺从，而是一个良好的、积极的学习环境。

"我的工作就是教书，关注孩子性格上的问题是家长的事。"的确，家长应该教导孩子，家长也确实应该支持孩子的教育。但是，如果孩子们没有这类基础，也不是孩子自己的错。另外，孩子们在一生当中，会向很多重要的人学习，他们的老师在这一过程中至关重要。事实上，由于家长的工作，还有其他一些情况，很多学生和老师在一起的时间比和家长在一起的时间更久。

家长们不需要去上父母课堂，也不用去学习如何帮助自己的孩子在学校取得成功。但作为老师，我们必须帮助家长了解，他们要如何通过不断的交流与合作，来支持我们在学校为孩子所做的工作。

如果我们想要改变一个孩子的发展轨迹，就必须做一些课程计划之外的事情。然而无论如何，我们做的一切都与学业有

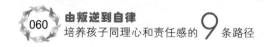

关。学生们要知道如何去做，才能成功完成任务。他们也要知道如何做才能让他们的同伴也成功完成任务。而他们要通过执行明确的规范才能学会这一点。

方法实战

在印第安纳州印第安纳波利斯的普渡理工高中，学生们一整天下来，可能会去至少十个不同的地方学习。在那里，老师通常指的就是教导者。他们没有自己的教室，所以在教学楼里不同的地方教学生，指导学生，对学生进行训练。对学生而言，很难去了解某一位老师或者某个地方的规则。一天当中，同样一间教室可能会有很多老师，因此随着一位老师走进来，另一位老师走出去，课堂规则会不断改变。在许多中学里，尽管学生们不会在同一课堂遇见不同的老师，但是他们一天中也要面对来自许多老师和不同课堂的规则。

在一些实验室或者其他学习区域，是允许带食物进去的（这让那些不允许学生带食物以及特别讨厌清理地板上面包碎屑的老师非常诧异）。再比如，一些老师允许学生使用手机，但也有一些老师禁止学生带手机。到了老师交接班的时间，新的老师进来上课，许多学生会因打破了新老师的规则而陷入麻烦，即使他们是在遵循几分钟前还在这里给他们上课的前一位老师的规则。

规则的不一致常常令学生们感到困惑，有时他们甚至会与老师争吵。学生们指出，此刻令他们陷入麻烦的这种过错，是另一位老师允许他们做的。当然，学生为了避免自己受罚，会故意让老师的规则之间相互对抗，这也会让学校教职工之间的关系变得紧张。

管理者意识到老师们都有自己的规则，并且每一个既定的学习场合中行为准则都在不断变化。他们认为，问题不仅仅在于规则对学生而言缺乏一致性，还在于规则根本就不是答案。然而，他们需要全校范围内明确的规范。管理者们收集整理了许多老师的规则，制定了一些需要学生去遵守的总括性的简明规范，专注于学生应该做的事情，而不是列出太多他们不应该做的事情。

不是罗列禁止事项：

- 不允许带手机（取决于老师）。
- 不允许带食物（取决于老师）。
- 做作业时不允许大声说话（取决于老师）。

而是给出正面期望：

- 富有成效地做事。
- 保持环境安全整洁。
- 有效共享空间。

每一个学习空间都应有这些标识，学校教职工要参加培训，学习如何一致性地持守规范。举个例子，当一节课或者一次学习活动开始的时候，老师要和学生们一起预览行为规范，以期在学生的意识中重建和强化这些行为规范。当有学生不专心学习的时候，老师应该有能力去提醒学生其没有达到哪条特定的要求。

举个例子，老师不要说"退出游戏"或者"别再跟你同桌说话了"，而要说："请参照要求一，富有成效地做事。"一旦老师们统一了规则，那么学生们无论在教学楼的哪个位置，无论是在哪位老师的课堂上，都会发现他们要去遵循同样的规范。

与其告诉学生我们不希望他们做什么，不如帮助他们了解如何做出选择才能养成受益一生的好习惯。教学生如何富有成效地做事，如何保持环境安全整洁，如何与他人有效共享空间，这些比起教学生不要嚼口香糖，更有利于帮助他们成为更好的公民。

然而，我们要在如何重新指导学生行为方面保持一致，必须公平公正地判定不良行为所应承担的后果。我们维护与学生的关系，也持守规范，二者并不互斥，而是完全一致的。学生们需要爱，也需要制度、安全和可预测性。下一章，我们会在积极行为支持、正面要求及行为规范的基础上，进一步探讨恢复性方法，以帮助学生在行为方面做出持久的改变。

方法 5

培养成长型思维

把主动权还给学生

无论你认为自己是否有能力，你都是对的。

——亨利·福特（Henry Ford），福特汽车公司创始人

问题：太多学生一直保持固定型思维

在你接手一届学生时，你是否曾向他们在低年级时的前任老师询问过你需要特别关注哪些学生？或者说，你是否被提醒过，有几个学生是出了名的捣蛋鬼？甚至在这些学生走进我们的教室之前，我们就已经给他们贴上了"这类学生"或者"那类学生"的标签。对自己和他人进行分类是人的天性，这一天性帮助

我们的祖先分清敌友。今天，我们仍继续将自己和他人放置在狭义框中。比如，有些学生擅长数学，而有些学生数学不好；有些学生能够努力学习，而有些学生只会分散别人的注意力；有些学生学习态度有问题，就像前几年你煞费苦心去教的他们的哥哥姐姐们一样。

谈及恢复性圈子，就变得更加重要了。因为对你而言，作为老师，有了那些先入为主的想法，你会发现自己更难去接受某个学生的道歉，也更难去相信某个学生所做出的要去改变的承诺。同样，对自己有这类想法的学生也很难相信自己可以做得更好。

像学生一样去想一想，老师正在上新课，你坐在那里想知道同学们是否和你一样困惑。当然，你要假设自己听不懂这堂课，所以你不会举手，毕竟你也不想让自己尴尬。然而，你没有意识到的是，许多同学恰恰跟你的感受一样：困惑、不知所措，还有一点儿小小的挫败感。

终于，你开始去尝试学习新的技能，但是失败了。你会觉得有些沮丧。然而，你又去尝试了一次，并且不断尝试着，最终，你的毅力和勇气获得了回报，你学会了新技能。很快，这项新技能就成为你的第二天性。你不再担心其他同学是否也要经过几次尝试才能掌握它。

实际情形大概也是如此。对于每个人来说，任何形式的学习都是一样的。正如托马斯·富勒（Thomas Fuller）所言："凡事都是先难后易。"的确，一些孩子学习和掌握技能的速度可能比你快，但他们中的许多人也有个秘密：如果他们不能迅速掌握新技能的话，他们就会放弃。许多被视为学习能力强的学生都自认为天生聪颖。他们习惯了接受唾手可得的东西，认为不需要和其他人一样努力奋斗。然而，问题就在于，他们一旦遇到挫折，就会不知所措。他们会感到灰心丧气，对自己失望，甚至有时会放弃。

和习惯了多次尝试的学生不同，他们缺乏多次尝试去解决一个问题的能力基础。斯坦福大学心理学教授，《终身成长》（*Mindset*）一书的作者卡罗尔·德韦克博士（Dr. Carol Dweck）将这种不能把学习看作一个过程的僵化思想称为"固定型思维"。有固定型思维的人认为，诸如性格、智力、天分等特征都是固定的、不能改变的。他们尤其害怕失败，不愿意接受批评，因为他们觉得自己无论如何也无法改善，无法确保下次取得更好的结果。

简而言之，人们一旦有固定型思维，就会本能地避免去做自己天生不擅长的事。举个例子，如果你认为自己不擅长数学，那你可能会觉得无论自己怎么做，都学不好数学，也看不出尝试有什么意义。在上面那个例子中，不能立刻听懂老师讲课的学生，或是不能和同学们一样迅速掌握新技能的学生，很有可能已经放弃了，并认为自己是个很差劲的学生。这种固定型思维会让学生一点儿也不想去读书。

在学习环境中，学生们一旦有固定型思维，便不敢接受挑战。这类学生如果在第一次尝试或者稍微付出了一点努力之后还是没弄明白某个问题，就会觉得再继续尝试毫无意义。毕竟他们的理解力已经固化，认为自己无论怎么尝试，都不能改变自己理解不了该问题的事实。他们认为，努力是毫无意义的，尝试当然也只会导致失败。这类学生可能会淹没于否定性的自我定论中，然后执意认为自己不够优秀。

有了固定型思维后，许多学生便开始通过实施破坏性的行为来粉饰自己的短板或弱点。比如，在几何课上，如果一个学生上课开小差，没有认真听讲，那当老师让他计算梯形的面积时，他感觉简直像在听天书，但他不希望别人识破自己的茫然无知。与其在全班同学面前显出尴尬，他宁可去拨弄前面那个同学的耳朵，所以他会被老师叫去走廊。对他而言，这节课不上也没什么关系，而且做老师要检查的数学作业也没什么意义，反正他永远也学不好数学。

正是如此，固定型思维和他自认为不够好的想法造就了如今的他。

在社会层面上，固定型思维成为推卸责任的借口。一个思维模式固定且脾气暴躁的学生会抗拒用策略控制自己的愤怒。一个有固定型思维的人在与人发生冲突时，很有可能去推卸责任，而非去承担责任。这类人认为性格特征是无法改变的，所以把两个人之间的任何问题都看得不可调和。在恢复性圈子中，这类学生认为任何事都难以改变，所以可能不愿意去探索未来解决问题的方法。当遇到成长机会时，他们可能会回答道："我一直都是这样，并且以后也是。"

如果一个学生认为自己无法做出改变，那他就很难参与到恢复性圈子和实践中去，也就永远不能发掘出自己在社会、情感或学业方面的潜能。如果一个学生不相信自己在某件事上可以做得更好，那他生活的方方面面都会受到影响，从而限制其当下和未来的发展，最终可能导致他难以毕业，或很难找到好工作。

作为教师，我们必须设法帮助这类学生跳出固定型思维，养成成长型思维。

方法：培养成长型思维

帮助学生建立成长型思维模式的第一步就是提升他们的自信。许多学生是因为在学业上没有成就感而行为不端。如果我们可以帮助他们建立自信，他们的不良行为就会自行消除。大多数孩子都是这样，即使他们并不表现出来。如果由于固定型思维模式，他们在开始之前就要放弃，那这些孩子无疑是在消弭自己的自信心，从而消弭自己成功的希望。我们应当帮这些孩子逐步树立自信心，并关注他们的成长。学生们要相信自己有能力去改变，有能力取得成功，之后才能充分投入到自己想尝试去掌握的技能上。

有许多方式可以帮助我们强化成长型思维，摒弃固定型思维，但是将思维方式与学生的个人经历结合可以加速其内化。单纯以成长型思维和固定型思维的概念来引导学生，会很容易令人感到困惑。应该引导学生们回忆那些他们不经意间流露出成长型思维的时刻。

> 许多学生是因为在学业上没有成就感而行为不端。如果我们可以帮助他们建立自信，他们的不良行为就会自行消除。

1.首先，让学生想一想自己现在

特别擅长的事情，并回忆第一次做这件事时的场景。举几个常见的例子：骑自行车、投球、做饭等。学生们可以在小组内分享这些故事。

2. 接下来，让学生们绘制出他们从初学到当前水平所经历的过程。比如，一名学生在开始骑车时，可能会先借助辅助轮在平坦的路上骑，然后再骑带脚刹的自行车，并开始在陡峭的车道上骑行。受了足够多的碰撞摔伤后，该学生就可以熟练自如地骑行穿过社区了。

3. 不管学生们的个人经历如何，都可以让他们列出自己从初学到当前水平所经历的各个阶段。学生们可以在圆圈班会中分享这些经历。

4. 当学生们相信他们的能力可以通过练习来提高的时候，要向他们解释，他们刚刚发现的正是自己拥有成长型思维的时刻。

5. 将其中一些步骤图挂在墙上，随后参考这些图，告诉学生成长是可以通过努力实现的。

要经常使用"成长型思维"这一术语，学生们才会从心底相信，只要足够努力，就可以提升，就可以做出改变。学生们进入恢复性圈子后，要提醒他们时刻保持成长型思维模式。这不仅关乎他们自己，也关乎他们的同学，以及整个班级的文化氛围。

高中教练蒂姆·诺特科（Tim Notke）有句名言："如果天才不努力，努力的人就会战胜天才。"这句话同样适用于学业。学生们只有甘心付出更多，努力学习，寻求帮助，永不放弃，才能够取得成功。与其任由他们在没能立刻领会所学知识时或者在成绩不好时灰心丧气，不如帮助他们将这些境况看作提升自己的机会。如果他们此刻放弃，情况只会随着时间的流逝而变得越来越糟，因为他们通常需要先学会当前正在学习的课程或概念，才能去学习下一节课程或相关概念。

成长型思维可以帮助你创设良好的班级环境，并培养许多适应能力强的学生。随着学生们建设性地互相挑战，他们都会成为更好的自己，成长型思维也就促成了良好的班级关系。有成长型思维的学生更有可能对其行为负责，这是因为他们相信自己有能力去学习，下一次能做得更好，这便是恢复性训练的要素之一。

未来你能做些什么

完全改变思维模式似乎是一件不可能完成的任务，但是采取一些小措施，可能就会带来大的改变。学生们首先要相信，作为人，他们自己有能力去成长、去改变，然后才能接受恢复性实践。为了改变教室内的思维模式，开始制订你的计划吧，以下是一些小建议：

● **先介绍一下成长型思维**。邀请学生带来一张自己小时候享受美食的照片。那张留下自己吃第一个生日蛋糕的"激动时刻"的照片，就非常适合这个活动。让学生们在桌子上展示自己的照片（照片可以是电子版也可以是打印出来的）。这个时候，你拿着写字夹板和笔四处走走，对着那些照片中干净整洁的学生点点头表示赞许，而对那些照片上乱糟糟的学生却不以为然。走完一圈之后，你宣布，有一场由家长和教师组织（PTO）主办的特别晚宴，他们请你招聘一些学生来做大使。为了避免窘迫场面，你准备选那些最能在饭桌上为你增光的学生。列出照片里干干净净的学生的名单，作为备用人选。

如果顺利的话，有些学生会迅速指出，他们在两岁那年吃饭时身上粘的意大利面比吃掉的还多，这并不意味他们现在吃饭的时候也不注意整洁。这就是成长型思维。绝大多数学生，甚至是照片中干干净净的人，刚开始吃饭的时候都不注意整洁，但是在随后的几年里慢慢改善了。他们并不是先天就懂得餐桌礼仪，而是这么多年来不断练习，才变得越来越熟练。不妨把这看作一个与学生们讨论成长型思维的机会。

● **走出舒适区**。拥有成长型思维意味着要去探索陌生的领域。学习新鲜事物可能会令学生恐惧，一直待在舒适区里要安全得多。要让学生们相信，大多数人都害怕改变和成长，但要想长大成人，唯一的方式就是去克服这些让你感觉不爽的情绪。如果我们不推动学生走出舒适区，我们就没有给他们机会去发现新的爱好，去增强适应能力，他们也难以获得自信。话说回来，在推动学生离开舒适区的过程中，如果我们推得太远或者太快，可能会把他们吓住。因此在恢复性实践中，我们必须要留心这一点。要让你的会面和恢复性会谈反映出学生们的意愿，并鼓励他们成长，而不是让他们自我防守或者打退堂鼓。

第一步是帮助学生了解如何逐步地接受挑战，稳步前行。要向学生介绍几个成长区，包括舒适区、挑战区、危机区。在舒适区内，学生们会感到很放松，万物都触手可及。这是一种低压状态，这种熟悉感令人安心。身在其中，学生对自己的安全和能量都充满信心。一个弹吉他多年的学生可能会在与朋友一起演奏爵士乐时，发现自己身处舒适区。

在挑战区内，会有一些令人感觉不舒服但是可以忍受的事。学生可以在挑战区待上一段时间，但最终挑战区也会慢慢成为舒适区的一部分。也许即兴演奏会上的一位朋友正努力练习一曲新的和弦进程，所以他演奏起来会有些吃力，在那些比他自信得多的朋友面前，会感觉尴尬。但他越练就会弹得越娴熟。总有一天，他的能力增长，他的舒适区就会变得更大，他再去弹那曲和弦进程就会是轻而易举的事了。

在危机区内，学生会被焦虑和恐惧打败，并会迅速撤回舒适区。在危机区内，你的战斗／停止／逃跑本能会被激活。举个例子，你可能会因为一只蜘蛛朝你所在的位置移动了几厘米而尖叫着从房间里跑出来。如果危机感过于深重，它还会让你再也不敢涉足，连想都不敢想。

学生们一旦了解了这些成长区，就能够更容易地确定他们前行时可以采取的小步骤。将这一想法融入谈话和恢复性圈子中，能使学生们更有可能坚持到底。

- **引领塑造**。所有老师都会从不断学习新知识中受益，不过这些知识可能是他们并不熟悉的，或者是不感兴趣的。这种感觉恰恰是教室里的学生们每天都在体验的。他们置身于自己从未接触过的知识中，并且被要求去做自己之前从未做过的事。这是他们的常态，而且很艰难！要想预知学生成长之路上的痛点，最佳方式就是与他们同行，与他们并肩作战。

在向学生介绍成长型思维的概念之前，先邀请他们大致看一看你正在通过成长区经历什么。你最近又有一项新爱好吗？慢慢展示出记录你进步的照片。你们的信息技术部门最近推出了一项创新技术，你是不是觉得很难掌握它呢？让你的学生们看看前期你是如何挣扎的，然后在你最终学会如何在线上布置的作业中插入视频后，在他们面前欢喜庆祝吧。

让他人看到我们踉踉跄跄跌倒的样子，会把我们自己置于脆弱的境地，这是令人害怕的（如果这种情况发生得太多或者太快，会直接把我们送到危机区）。如果你可以放下自己的骄傲，告诉学生们你也曾经如此脆弱，那么你就是在给整个班级明确地传达一个信息：即使在前方遇到失败，也没什么大不了的。让学生们看到你自己的无能之处（以及正在成长的能力），这样，对于那些脆弱的学生来说，你的班级就成为一个安全地带——这是恢复性训练取得成功的要素。

行动方案

若要促进学生从固定型思维到成长型思维的持续性转化，一个关键的因素就是要鼓励他们敢于尝试，不要害怕失败。学生们需要循序渐进地走出舒适区。此外，无论品行还是学习，你的班级的运作必须要建立在这样的根基上——给学生们创造机会，让他们成功地走出舒适区。以下步骤可以帮助你为班级创设成长型心态文化。

第一步：确定成长区

跟学生们介绍完成长区的概念之后，要帮助他们通过实际行动内化这一概念。将教室分成三个区域：舒适区、挑战区、危机区。让所有学生都聚集到舒适区。提供给他们不同的场景，然后让他们移动到挑战区或者危机区。刚开始的时候要简单一些，比如当众发言。让学生设想自己要在全体同学面前发言，然后让他们去往能代表自己此刻感受的区域。一旦学生们选定了自己的位置，就要从每个区域中分别找个代表来解释一下为什么要选那个区。再通过设定一些其他的场景来让学生们移动位置，每一次都要请他们分享，然后再请他们回到自己的座位上。

作为一次课堂活动，你要逐一审视每个场景。在危机区的学生要怎么做才能感觉更舒服一些？在挑战区的学生具体要怎么做才能感觉良好地慢慢前行，而不至于走得太快，一下子跌入危机区？

可以要求学生们自己设计场景。什么事情是他们在不害怕的情况下愿意去做的？要把自己的舒适区扩展到挑战区，他们具体会怎么做？要远离危机区，什么是他们不能做的？

你每次向学生们介绍新技能或新概念时，都要问一问他们，准备把它放在自己成长区的哪一个位置上。举个例子，一个学生本来不喜欢阅读，所以会把《罗密欧与朱丽叶》放进危机区，而她的同桌由于去年在学校的话剧表演中担任了主角，所以可能会把这本书放进舒适区。全班同学一起讨论如何才能从危机区转回挑战区。比如，先在网上阅读某一情节的现代版或者摘要，再去当着全班同学的面大声朗读。类似地，还可以探索一些方法帮助舒适区中的学生给自己设置挑战，比如记住一些章节，然后在全班同学面前表演出来。

学生们要相信自己能够成长，能够做出改变。当他们在教室的成长区成功接受成长训练后，就会有更大的信心去完成自己的成长。这对恢复性实践来说十分重要，尤其是恢复性圈子和返回型圈子。先确认成长的机会，再将这些机会细分成可实现的步骤，从而促使学生们步入挑战区，在那里，真正的挑战才会来临。

第二步：了解自己的舒适区

以成长型思维去开启每一天，进入每一个恢复性圈子，这对你和学生们都很重要。让学生们诚实地反思自己所做的选择，对自己的行为负责，这会将他们置于脆弱的境地（很有可能是危机区），所以你需要把自己当作学生们的队友，相信他们可以做出更好的选择。

开始的时候，要摆脱固有观念，有意去寻找积极面。我们建议选择一名学生来作为观察对象，尤其是你过去印象不太好的学生。观察他的言行，并记录下你之前所忽视的他的积极品质。向过去不尊重你的学生敞开心扉可能会令你心跳加速。（危机区警告！）就像你教育学生做的那样，从细微处着手。选一个有挑战性但又能够达到的方式，比如在那个学生的作业上写一些积极的评语，或者单独祝他有美好的一天。一旦你的舒适区得以扩大，就要进行下一步了，你可以邀请那名学生在教室内吃午饭，也可以给他的家长打电话表扬他。

第三步：重新评估你的打分标准

不幸的是，当提到学习过程中的成长型思维，我们当中有很多人都说得头头是道，但却做不到——尤其是在给学生打分

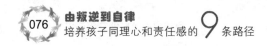
的时候。

不管我们喜欢与否，分数都是大学录取最为关键的因素之一。成绩差是学生辍学的风险性因素之一。难道确保学生在班级里得以成长，从错误中吸取教训就毫无意义吗？按照传统评分方式，只要学生在校表现好，不管是因为行为还是天资，都能获得表扬。事实上，许多学生将成绩看作他们要去得到的积分，而不是看作对知识掌握程度的体现。

这是不正常的，要从教室里开始改变。以下是四种不利于成长型思维发展的评分方式。

● **因为作业迟交而扣分**。这是惩罚性的措施，而且也不能准确反映出学生的成绩。是不是学生掌握了作业中 80% 的知识，然而作业成绩却只有 50 分呢？如果是这样的话，那么该学生的成绩所反映的是他的行为而非成绩。更糟糕的还不是迟交，而是这件事会使学生士气低落，因为他们没有弥补过失的机会。从数学意义上来讲，零几乎是不可能逾越的。

● **禁止重交作业或重新评价**。如果我们希望学生能从错误中吸取教训，让他们再来一遍不是更好吗？允许学生重修整个课程，却不允许他们在课堂上重新参与评估，这样做有意义吗？我们必须决定，到底是让学生在指定的某天掌握作业上的资料更重要，还是让他们慢慢学习，直到自己学会更重要。如果学生在某门课程上得了一个很差的分数，又无法弥补，我们会说些什么呢？如果学生有一次作业没做出来，那他有可能是没学会这个知识点，由此在接下来的课堂小测验、测试及期末考试中出现这个知识点时，他会接连失败。这是一种滚雪球效应，但是可以提前预防。

- **允许重考，但是取几次考试的平均成绩**。大部分考试，比如美国大学入学考试、美国高中毕业生学术能力水平考试、汽车驾照考试、飞行员驾驶证考试以及美国律师资格证考试等，都不限次数，允许考生多次报考，并取其最高分数。然而在校内班级里，却要取多次成绩的平均值，我们这不是在评估学生当下对知识的掌握程度，而是在判定学生过去和现在的综合表现。

- **在学生第一次尝试做某项家庭作业或集体作业时按准确度打分**。大多数学生在第一次做某件事的时候都感觉很吃力。在骑自行车的时候，如果只准许我们骑一次，就依照这次表现给我们打分，我们会怎么样呢？让你的学生放轻松，在低压环境下去尝试新鲜事物吧。一上来就用分数来评估学生的表现会让他们十分恼火，他们可能会因没有老师的直接帮助而无法解决问题并因此放弃，也有可能出现作弊行为。许多学生在真正掌握某样知识之前，必定要多次置身于这类概念中，不断尝试学习。试着不要给学生们的第一次作业打分，或者是不要让这个分数对整个学期的综合成绩造成明显影响。[想要了解更多关于打分方式的内容，可以去看看《课堂管理》

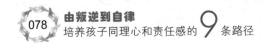

（*Hacking Classroom Management*）这本书的第七章"重新评估你的评价方式"。]

第四步：教学生如何制订计划，如何学习

有个方法非常有用，能让学生保持干劲，而且不必经常费力去跨越障碍，那就是首先做好更为充分的准备。学生们的生活充斥着家庭作业、家务活、运动、课外活动，等等，他们需要用日历，网上日历也可以，来记录这些事情，并做好时间规划，比如几点学习、几点做家庭作业。另外，还要鼓励他们计划好休息和娱乐的时间。

成功的学生也很会学习。考试前临时抱佛脚是一种压力很大而且效率很低的方式。相反，我们要鼓励学生每天晚上至少给每一门科目留出几分钟的时间来学习。这样一来，他们就能够在考试前知道自己的盲区，并有足够的时间向老师和其他人寻求帮助。真正的高效学习也非常重要。学习的有效方式之一是根据正在学习的内容，自己出题。这样一来，他们就知道哪部分信息最重要，也能够记住更多的知识。

专业技巧：一些学生可能想走一条几乎没有阻力的捷径，只想做舒服的事情。他们可能更喜欢平易近人、对学生要求很低的老师。但是未来，这些学生会希望当初有能够鞭策自己、严格要求自己的老师。严格要求这一概念并不是说不能允许犯错，也不是说没有第二次机会，亦不是追求速度，而是说：

- 做有挑战性的事；
- 直面难题，直到彻底解决；
- 努力学习；
- 会主动寻求帮助。

克服阻力

让学生们承担失败带来的风险绝非易事。可以为他们立一些能够及早成功、效果立竿见影的目标，让学生们相信你是在真诚地为他们付出。

"这不会立刻对我的成绩有什么帮助。"尚在挣扎中的学生可能只对能立刻提高成绩的东西感兴趣。你要向他们说明成长型思维会如何对他们的眼前成绩和长远成就都有帮助。你可以通过多种方式获得学生的支持，但是大多数方式的实施还是要取决于学校的政策。

一个方法是创造成长型打分方式。允许学生选择一项自己尚未掌握的技能，然后绘制出计划图，从而进入挑战区来学习该技能。然后答应他们一旦取得更好的成绩，就可替换原来的成绩。该方法适用于小型学生圈或会议。

学生们之所以喜欢玩电子游戏，是因为他们在游戏里即使一次又一次地失败，也不会有什么严重后果。当他们经过无数次的尝试最终闯关成功时，会感受到巨大的喜悦和成就。我们只有给学生不限次数的机会去展示自己的成功，才能在课堂上培养他们的成长型思维。如果学生们知道他们在班里一直有新的机会去

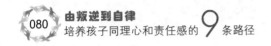

不断提升自我，那他们对待分数的态度，以及对学习的长期投入，都会更加积极主动。

"你这么说只是为了让我们不会觉得自己很笨。"如果你坚持采用固定型思维模式，那当你说自己认为学生们都很有潜力时，他们可能会觉得你不够真诚。如果你能和学生们分享自己学业方面或者生活技能方面从新手到熟练掌握的经历，那将会很有帮助。你也可以分享一些明星、运动员、科学家的真实经历，这些人孩童时期或者职业生涯早期曾遭受过批评，但是他们继续前行，最终成为各自领域内的佼佼者。

如果可以的话，还可以从学生自己的生活中举例。或许你已经注意到，学生解决乘法问题的能力有了快速的增长，简直令人难以置信。你甚至可以联系学生的父母，解释你希望达成的目标，并请家长分享一个孩子表现出惊人成长的例子。

方法实战

阿玛拉（Amarra）以"火爆"性格而出名，同学们在教室里常常是未见其人，先闻其声。大家从来都不用去猜她心情如何，因为她的面部表情、语调和用词都已经将其表现出来，不需多余的解释。她的出现往往会提醒大家这又是漫长的一天。她厌倦了最新的女孩戏剧（尽管她自己就是个戏剧性的女孩），对幼稚的男生也是毫无耐心。

大多数时候，她的老师都是她的敌对方。她的态度成了她的盔甲和武器，她不畏将自己的"匕首"直插进任何对她造成威胁的人的心脏。老师们和她的妈妈取得了联系，几乎毫无疑问地判定出阿玛拉是从母亲那里学来的这种态度，所以老师们也只能靠自己了。恢复性圈子从未像老师们期望的那样产生持久性的改变，因为阿玛拉根本不吃这一套。

阿玛拉在大学一年级结束的时候，受邀去参加一个女性领导小组，组内成员有机会做明年大学一年级新生的指导员。大多数学生在看到名单上有阿玛拉的名字时都惊呆了。真的吗？她两周前不是还诅咒食堂阿姨吗？尽管如此，她和另外 12 名女生加入了这一行列，一周进行三次领导小组发展研讨。每位女生负责为学生示范一种技能，无论何时，一旦新生由于缺乏该技能而难以成功，就会和对应的指导员相匹配。阿玛拉的专长是什么呢？情绪管理。

即使是阿玛拉自己看到她名字旁边的介绍语也会忍不住嘲笑一番吧。但她和许许多多意志坚定的学生们一样，也下定决心证明自己可以控制好情绪，即使仅仅是为了证明领导小组其他女孩们是错的。当然了，这从一开始就是一场艰难的斗争。当对失败的恐惧慢慢逼近时，她宣称："我妈妈就是这样的，我姐姐就是这样的，我一直以来也是这样的。"

阿玛拉的老师们没有与她争执，说她有能力做出改变，而是给她提供机会，让她在没有威胁的环境中见证自己的成长。比如，领导小组的每一位成员都有一项任务，就是要去掌握一种"决战一分钟"游戏。阿玛拉分到的任务是"脸上的曲奇饼"，前六次的尝试她都惨败了。但她在第三轮训练结束时，可以在 42 秒之内扭动着将曲奇饼从额头移动到嘴巴里。尽管她不会把这点事儿写进自己的简历，但是掌握这项技能确实帮助她重建了信

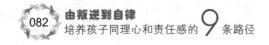

心，相信自己的学习能力。

六个星期以来，阿玛拉一直和其他女孩以及两位指导老师一起工作。他们一起探索如何精进自己的特长。她了解了引发自己发怒的生理因素，也知道了为什么深呼吸这样简单的动作可以帮助她冷静下来。起初，她能做的最多就是在情绪失控之前做一次深呼吸。然而，经过几周的训练，阿玛拉可以做三次深呼吸，并大声宣泄出自己的愤怒，但并没有脏话。六周训练结束后，阿玛拉已经可以在陷入麻烦之前把自己从最坏的境况中拉出来了。

阿玛拉的老师们注意到她每周收到的意见信数量有所下降。学年结束时，她庆祝自己自六年级以来首次连续两周没收到任何意见信。大学二年级那年，她作为领导小组的一名工作人员，在同伴关系调解中发挥着积极的作用。

如果阿玛拉的老师们一开始没有向她灌输她可以做出改变的信念，那所有的策略都不可能起作用。阿玛拉在简单的任务中取得成功让她建立了自信心。如果一开始就向领导小组提出一项他们注定无法完成的任务，那无论如何都会激起一阵嘲笑，所以我们应该创设出一个安全的环境，可以让学生们去尝试，去失败，去成长。

恢复性原则植根于这样一种信念：在恢复过程中，所有的利益相关者都可以促使个人以及群体之间关系的转变。犯错的人只有坚信自己有能力去做出改变，才会取得持久性的转变。过去，他人和学生本人对自己的定性决定了他们的发展限度和潜力。而若要做出改变，一切都要从帮助学生摆脱这种先入之见开始。

方法 6

教授正念
让学生能够识别和管理自己的情绪

当我们对于孩子的要求和期望超出了他的适应能力和回应能力，就会出现问题行为。

——罗斯·W.格林（Rose W. Greene），著有
《迷失在学校——用积极合作式问题解决
法改善学生行为》（ *Lost at School: Why Our
Kids with Behavioral Challenges Are Falling
Through the Cracks and How Can We Help
Them* ）

问题：学生缺乏自我觉察和自我控制能力

"你需要认真调整态度。"

"你到底为什么要这么做？"

"别再抱怨了。"

如果真的那么简单该多好啊！当你的学生看似不理智的情绪超出了我们的耐心限度时，要求他们在态度上进行180度大转弯通常不是我们所能指望的灵丹妙药。但我们大多数人在懊恼的时候，都会脱口说出一些类似的话语。我们应该努力记住，这些情绪对谁都是不愉快和不方便的，就像这些情绪对我们来说一样。

学生缺乏自我觉察和自我控制能力的一个原因是，没有人教他们如何有效地交流自己的感受。有时候，一个学生发现很难解释他的感受，只是因为他缺乏经验来识别这种情绪，或不知该用怎样的语言来讲明它。这可能是学生第一次不得不应对一种情况，比如，对刚出生的弟弟妹妹感到怨恨，因为他/她需要占据父母很多时间。如果学生所在的家庭不善于开诚布公谈论感受，特别是谈及感受就会被他人不住地打断，他们内心也会非常挣扎。

此外，学生（尤其是男生）在掩盖任何可能使他们看起来软弱或脆弱的情绪时，他们所感受到的压力使事情变得更复杂。不理解一种新的感觉，缺乏语言来谈论它，或者没有安全感来讨论和探索关于情绪的问题，这些都会使学生已经高度紧张的情绪状态变得更加复杂，以至于失去控制，不利于安全、互相尊重的校园环境的创设。

学生们情绪暴发和我行我素的做派很少是他们故意为之，

而是他们能力不足或赶不上别人的一种表现。青少年的大脑在整个青春期和成年早期都在持续发育，而最后一个被重塑的部分是前额叶皮质——控制冲动和预测后果的能力中心。这使年轻人更多依赖于大脑中与情绪和冲动相关的部分。因为学生们还没有掌握自我觉察和自我控制能力，所以他们经常会感情用事。也就是说，他们做出了反应，但未必是有效的回应，而在这样做的过程中，他们做出的选择就有必要以会谈或恢复性圈子来引导了。简而言之，他们的行为是因为他们不知道如何行动，而这对课堂造成了干扰——这就是我们现在要去处理的。

反应和回应有什么区别？反应来源于面对情境而产生的即时情绪。如果这些情绪是消极的，反应可能特别无益，因为它是快速而起、思虑不周、零零散散的。反应代表了我们在那一刻的感受，但不一定代表我们的为人或我们重视什么，然而它的影响可以是持久的。相反，回应则是缓和的。我们可能仍然感受着反应所带来的刺激，但我们保持控制，让本能反应从容通过，让逻辑思维重新启动。这可以使我们免于为愤怒中脱口而出的一句话或一气之下挥出的一拳而感到后悔。

在学生成长的这个关键阶段与他们合作，意味着我们有机会教他们反应和回应两者之间的区别，就像我们教他们写作和计算技能一样。能够表达和管理自己情绪的学生在班级中也会更有同理心。

当学生感到与他人有联系并感到安全时，他们学习自我控制的效果最好；当教育者专注于培养同理心而不是实施惩罚时，学生们会感到与他人有联系，也会感到安全。

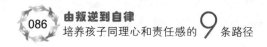

方法：教授正念

正念是一种将注意力集中到当下的做法，能让你平静地感知自己的思想、情感和身体。练习正念的学生更有能力认识到自己的情绪状态和那些对自己影响深远的经历。恢复性训练和正念是相辅相成的。当学生感到与他人有联系并感到安全时，他们学习自我控制的效果最好；当教育者专注于培养同理心而不是实施惩罚时，学生们会感到与他人有联系，也会感到安全。

我们可以在学生所在的地方与他们见面，并以多种方式提升他们当前的社会情绪知识和控制能力。根据学生的年龄，你可以有意地将基于情感的语言融入日常活动。下一步可以是帮助学生识别出现反应前的身体指征，如手心出汗、面部发热或声音颤抖。最后，学生们可以学会预测触发他们情绪的因素，并主动绕过刺激性事件。

学生为了解决缺乏正念和自我觉察能力的问题，必须了解反应和回应之间的区别。让他们先从了解"三思而后行"的重要性开始，试着给他们一个工具，让他们在情绪最激烈时有所依靠。为此，你可以采用 PLAN 方法：

- **停顿（PAUSE）**。停止你正在做的事情，就像你被困在一个"冻结标签"游戏中一样，进行正念呼吸。闭上眼睛，做五次深呼吸，每次都让你的胃像气球一样膨胀。对于特别强烈的反应，吸气并保持这个状态，数到四，然后呼气并保持这个状态，数到四，如此重复数次，将会很有帮助。

- **倾听（LISTEN）**。你的身体想告诉你什么？通过注意你的情绪和身体状态，不加评判，了解你的身体想对你说什么。在你被激怒后的几秒钟内，你的身体会发生什么变化？什么想法涌入了你的大脑？注意这些想法和感受，但不要执着于它们。在你呼吸和倾听时，让它们自由来去。

- **问（ASK）**。你的身体所告诉你要做的（反应），是你真正想成为的样子吗？你做出什么样的选择，能让你在明天回忆起来的时候引以为荣？你如何通过你的回应来体现你的价值观？你的反应会给集体带来伤害吗？

- **下一步（NEXT）**。决定要做什么。你已经花了一点时间来进行呼吸调整，承认你的感受，并重新连接到你的价值观。你现在更能做出一个你不会后悔的决定。在不损害班级和学校集体福祉的情况下，采取下一步行动来化解冲突。

我们在帮助学生使这些抽象的想法具体化时，最喜欢的方法之一就是使用"冷静瓶"。在一个玻璃瓶里装一半水，一半洗手液，然后撒上发光物。用热胶把盖子封上，就制作出了一个冷静瓶。当瓶子被摇晃时，发光物会在瓶子里旋转。向学生们解释，这是他们的大脑在追逐数十种想法和情绪时的样子。慢慢地看着发光物落到瓶子的底部。在这个过程中，练习正念呼吸。发光物一稳定下来，就向学生们展示水是多么的清澈——就像他们的思绪随着安静和深呼吸而变得更加清晰一样。

试着为学生准备一个"冷静瓶"，让他们在感到沮丧时使用。这个工具不只适用于年幼的学生。虽然大孩子一开始可能会不屑一顾，但他们和小孩子一样喜欢发光物。事实上，我们曾经有一个高中生要求进入我们教室，这样她就可以在剩下的时间里"检查"冷静瓶了。

未来你能做些什么

任何课程计划或策略都不可能在一夜之间将你的学生转变为他们思想、情绪和反应的主人，但即使是朝着正念迈出的一小步也可以在课堂文化中产生影响。

- **发掘学生所看重的东西。** 如果你让学生说出对他们来说最重要的三件事，大多数人可能会提及他们的所有物，比如他们的手机和游戏机。孩子们一股脑地认为财产是最有价值的。想象一下，如果学生们最重视彼此，我们可以营造出什么样的文化。试着让他们重新审视自己最欣赏的性格、习惯和个性特征，而不是财产。

首先，让他们想一下自己仰慕的人。这个人可以是家庭成员、朋友或名人，但他应该是能代表学生想成为的那种人。让学生用文字描述这个人，用寥寥几笔勾勒出来即可。

接下来，让学生们自我审视一下，看自己能为别人或这个世界留下什么。询问他们："如果你明天搬家，你希望你的朋友怎样记住你？你希望那些不太了解你的人怎样记住你呢？你希望别人如何来向那些你未曾谋面的人描述你？"同样，要求学生记录他们的想法。

完成后，请学生比较这两份清单。它们有哪些共同点呢？让他们花 3～4 分钟的时间，默想一下这些清单传达出了哪些他们所看重的性格、习惯和特质。经过一段时间的独立思考后，给学生小组讨论的机会。

你可能希望为学生列出一些有价值的东西，以便他们在表达自己的想法时得到帮助。你要说明该列表并不全面，仅供参考。这对那些努力在两份清单之间建立联系的学生特别有帮助。

这个活动的目标是让每个学生选择 3～5 种他们希望体现自己价值观的品质。让学生们围成一圈来分享他们所看重的品质，讨论他们可以做出何种选择来身体力行，活出自己的价值观。在成长的道路上，回顾这些重要的品质，可以帮助学生解决问题、化解冲突。

下一个任务是为这些重要的品质创建视觉提醒。如果学生有课堂笔记本，他们可以在封面上记录下他们的价值观。你可以为你的课堂（或每个课时）创建一块代表学生价值观

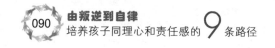

的墙上告示牌。

　　你会发现把价值观和期望联系起来非常有用。重新审视课堂规范。它们对你在课堂上看重什么有何影响？

　　● **加强身心联系**。在某些时候，我们都经历过情绪崩溃，却只得到了"看开些"的古老建议，就好像手部颤抖、胃部不适和肌肉紧张都可以开关自如一样。情绪会表现为身体的感觉，这会加重这段体验的强度。当学生能够理解自己的身体对情绪的反应方式时，他们的自我觉察能力更强，情绪平复得更快。

　　你可以单独讨论这个问题，也可以把它融入晨间分享。当学生讨论他们的感受时，让他们也谈谈身体上的反应。让一部分学生分享当他们感到特别愤怒、兴奋、害怕或所经历的事情特别重要时他们身体发生的变化。身体状态可以作为早期预警信号，警示学生需要停下正在做的事情，深呼吸，三思而后行。例如，一个学生可能会注意到，当他生气的时候，他会心跳加速。通过更敏锐地察觉身体早期的压力信号，他可能会了解到，在大脑意识到自己很沮丧之前，他的心跳就已经开始加速了。他可以通过练习来提示自己停下当前的事情，深呼吸，思考，这样他的下一步行动就是对事情的回应，而不是反应。

　　我们希望学生有韧性，能快速恢复，所以必须教他们如何恢复。如果一个学生意识到在争吵后她的肌肉仍然处于紧张状态，她可以通过收紧然后放松，舒缓她的交感神经系统，来放松肌肉。一个感觉过热的学生，如果他明白往脸上洒些冷水实际上会帮助他感觉更好，可以选择这么做。理解身心的联系可以帮助学生更快地恢复，释放情绪，而把情绪封藏起来只会导致以后暴发。

- **在当下树立富有同理心的榜样**。正如人们所说，那些最不值得我们爱的学生往往是最需要爱的学生。我们很难在维护与学生的个人关系和维护课堂规范之间取得平衡。尽管如此，解决问题要优先处理人的问题，因为课堂规范依赖于人际关系。

假设你有一个学生迟到了，他把书摔在桌子上，然后马上拿出手机。全班同学都停了下来，等着看你如何处理。你要克服单纯的情绪反应，才能树立有同理心的榜样。

完成活动安排或结束讲座后，再到该学生的身边。在训斥学生迟到、扰乱课堂秩序、违反手机政策（这些都违背了你的课堂规范，即创造一个安全的空间，让所有学生都能学习并参与有成效的工作）之前，先问问学生的感受。通常，一句简单的、非指责性的"嘿，怎么了？"就足以促使学生谈论他的感受。

如果他不愿意分享，你可以从观察开始。"看样子你好像很生气。你能多告诉我一些信息吗？"这可以帮助你发现行为背后的原因。请记住，学生情绪暴发和我行我素的做派很少是成心的。那个学生可能并不是早晨一醒来就决定要迟到并打断你关于滑铁卢战役的课堂。只要你采取适当的步骤处理好学生的问题，你就可以恢复课堂规范。

- **强调照顾自己的重要性**。是的，年轻人可能天生以自我为中心，这是事实。但是，尽管他们可能花了大量的时间思考自己的事情，他们也许仍然不知道如何真正照顾自己。我们知道学生（像成年人一样）会花费很多时间参与一些不需要动脑筋的活动，比如玩电子游戏、刷社交媒体和看电视。这些活动表面上看起来让人放松，但肯定不会补充能量。

鼓励学生留心他们是如何度过光阴的。要求学生创建一个时间表，列出他们当天做的每件事。接下来，要求学生将他们时间表上的事项分为三类：补充类、放松类和消耗类。如果一项活动让学生感到充满活力、充满热情，并促使他准备好应对未来的任何事情，那么它就属于补充类。补充类活动可能包括锻炼、志愿服务或手工制作。如果一项活动能帮助学生平静下来，但不一定能让他们恢复活力，那么它就属于放松类。这可能包括填色、听音乐或看电视。如果学生们害怕一项活动，而这项活动会让他们感到疲劳和烦恼，那么这项活动就属于消耗类。这可能包括做家庭作业和做家务。

接下来，让学生检查他们一天中的时间分配。这一天主要是用于补充类、放松类还是消耗类活动？当然，许多消耗精力的活动是生活中不可或缺的一部分，而这些活动往往会促使我们成长、成功。消耗类活动不能削减，但它们可以通过补充类活动来平衡。放松虽然是件好事，而且我们也应该花时间在放松上，但真正能缓解疲惫感的方法是去做那些让我们充满活力的事情。

鼓励学生列出他们觉得能补充能量的事情。你可以先分享一些你自己的想法，然后在课堂上进行头脑风暴。这也可以是一个很好的小组活动。当学生有了像样的清单时，让他们查看自己的每周日程，并认真安排时间来进行补充类活动。在他们列清单的时候，你也可以为自己规划一些活动。

行动方案

为了让学生意识到自己的情绪，以及反应和回应之间的区别，必须让他们能够自由且经常地谈论自己的情绪。要让正念成为你班上学生的常态，关键是要在你的每日和每周例行活动中融入策略。这些策略将帮助你将正念练习贯穿全年。

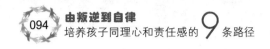

第一步：让情绪正常化

公开讨论情绪会让学生感到不舒服。但这样的对话越正常，学生就越能开放地探索和表达自己的感受。

让学生在表达各种情绪时感到安全是很重要的，所以我们要强调所有的情绪都是合理的。没有"好的情绪"和"坏的情绪"，每种情绪都有其位置和作用。学生不应该根据自己的感受来评判自己，因为这只会导致消极的自我对话。

你可以从树立一个榜样开始。在你们的晨间分享中，询问每个人的感受，并首先讲述自己的例子。"今天，我感到灰心丧气。我该去上班的时候，我的狗始终不肯回家，所以我上班迟到了。"当学生能更轻松地识别自己的情绪时，你可以在此反思中添加一个"那又怎样"："通过深呼吸和正确看待这件事情，我让今早上的挫败感烟消云散。上班迟到几分钟并不是世界末日，特别是在这种情况很少发生的情况下。"

这些晨间分享中的反思正是学生们纾解压力所需要的，这样他们就不会整天都带着这些压力。同时，这种开放的对话可以引发讨论，促进解决问题和换位思考。

第二步：养成正念呼吸的习惯

做一分钟的正念呼吸来开启每天的晨间活动。学生们可能会把这理解为试图清空他们头脑中的想法，但事实并非如此。（作为老师，我们希望我们的学生多思考，而不是少思考。）我们需要向他们解释，正念呼吸的目的不是清空他们的想法，而是教会他们让头脑中的想法和感觉自由来去而不迷失其中。你可以询问班上有没有人心情本来很好，直到一个消极的想法突然带走了好心情，破坏了良好的气氛。我们的目标不一定是在正念呼吸时控制自己的想法和感觉，而是教我们自己不要为这些想法和感觉所控制。

提醒学生在呼吸时注意自己的想法，但不要被这些想法冲昏头脑。他们可以把自己的想法想象成天空中飘过的云，或者是顺流而下的树叶。我们要解释，当他们发现自己在走神时，他们可以简单地通过思考"走神"来注意到这一点，然后关注自己的呼吸，像放开云或叶子一样放开自己的思想或感受。此时的目标不是阻止他们的思想漫游，而是帮助他们重新连接到当下时刻，不被想法和感受冲昏头脑。

你也可以将正念呼吸融入你们的过渡过程中。当你们从一个活动切换到下一个活动时，停下来做30秒的正念呼吸。这可以帮助学生在继续学习之前转换思路，重置目标。在学生掌握了正念呼吸过渡法之后，可以考虑增加简单的伸展运动来配合呼吸。深呼吸和伸展运动相互配合，有助于清除所有可能在课业中逐渐积累的应激激素，这样他们就能精神焕发，继续前进。

第三步：克服负面偏向

学生们可能已经在一定程度上意识到了负面偏向，即使他们还没有用语言来找出和描述它。询问他们是否记得最近受到的五次批评，然后询问他们是否记得最近得到的五句赞美。很有可能，他们会更快地回忆起负面反馈而非正面反馈。

这并不是说学生们异常悲观，而是人类的大脑天生就会更加关注消极的事情而不是积极的事情。那些能意识到这种偏向并集中精力来克服它的学生，会变得更乐观，压力更小，更有可能对事件做出回应而不是反应。这会使得冲突更加顺利地化解。承认我们更容易关注他人的"坏"而不是记住他人的"好"，这一点有助于学生正确看待他们之间的分歧。

你可以通过很多方式来促进积极思考。一个常见的做法是写每日感恩日记。把这个做法纳入晨间活动，为一天定下基调。另一个方法是深入探索某一时刻的积极情绪。学生是否最终理解了显性基因和隐性基因的区别？太棒了！不要急于进行下一项任务，这会降低成就感。让学生专注于感受他们的成功及其带来的良好感觉。如果你的学生在测验前感到紧张，让他们回忆一下他们表现出色的时候，试着唤起那些情绪。这可能只需要多花一两分钟，但它有助于训练大脑将挑战与成就感联系起来。

克服阻力

当你让学生在学校谈论他们的情绪并进行正念呼吸时，他们可能会觉得很奇怪：难道他们不应该把时间花在学习上吗？你可能会发现你的同事和管理者也在问你同样的问题。以下是应对抵触情绪的技巧。

"你是个老师，不是心理医生。或者说，我来这里是为了学习，而不是谈论我的感受。"听到这些话不要感到惊讶，尤其是在恢复性训练之旅的早期阶段。你允许学生展示自己脆弱的一面。你邀请他们的整个自我来到教室，而多年来，只有他们的学术自我在这里找到了一席之地。要有耐心。向学生、同事和管理者解释，学业成功是这项工作的核心。让学生放心，是的，他们确实是来学校学习的。作为他们的老师，你的工作就是给他们最好的学习环境。一个健康、平静的人比一个被压力或孤独压得喘不过气来的人更能为学习做好准备。一个安全、有同理心的环境比一个让学生害怕在彼此面前失败的环境更有利于学习。学生处理情绪的能力越强，他们在一天中就能花越多的时间积极地学习，而不是沉浸在情绪之中。

"多年来，老师们一直告诉我要深呼吸，但这并不奏效。"必须承认，深呼吸是在缓解席卷全身的、难以抵挡的情绪时的一种相当老旧的方法。他们可能试过一两次，但没有立即感受到解脱，然后就把它封存起来，和其他"成年人说过但不起作用的事情"放在一起。

我们发现，学生们越了解深呼吸背后的科学和生物学原理，他们就越愿意在情绪不好的时候坚持使用这种方法。这种探索的深度取决于学生的发展和兴趣。你可以简单地解释说，当一个人感到有压力或愤怒时，他的身体会将其视为一种危险并进入战斗或逃跑模式。深呼吸有助于平静他的神经系统，这样他的身体就知道减慢心率、降低血压并清除那些充斥着肌肉的应激激素是安全的。

如果你的学生对了解更多相关信息感兴趣（或者如果你有一个特别不情愿的参与者），可以考虑让他们研究交感神经系统和副交感神经系统之间的关系，或者研究控制一个人如何应对各种情绪的激素。只要学生们认识到深呼吸并不只是那些烦人的成

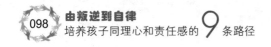

年人到处散播的陈词滥调，他们就可能会坚持足够长的时间来观察它对自己的作用。

方法实战

　　莉莉皱着眉头走进教室，坐在后面，低下头。当班上的其他人缓步进入时，老师无意中听到有人低声讨论莉莉和她的数学老师布伦斯先生（Mr. Bruns）上节课的争论。显然，莉莉上节课被赶出了教室，并被安排在明天上学前进行恢复性会谈。不过，现在还早，莉莉还有四节课要上。如果她不能控制自己的情绪，这一天的学业肯定会耽误，而且她很可能会在另一堂课上遇到麻烦。

　　上课铃响了，学生们走进教室，围成圆圈坐下。杜布瓦小姐（Miss Dubois）对学生们表示欢迎，他们开始了每天的正念呼吸练习。杜布瓦小姐看到莉莉参与时松了一口气，尽管她的呼气比平时粗。在这个圈子里，学生们有机会分享他们的想法，当一个学生提到他对明天的数学考试感到紧张时，莉莉明显紧张了起来。

　　当轮到莉莉发言时，她犹豫了一下，但随即垂头丧气地说："我现在真的很生气。我没带数学作业，这是我这周第二次没交作业，但这只是过去六周里我第三次没交作业。布伦斯先生对我大发雷霆，说我的道德修养正在下滑，还说我需要检查我的优先事项安排。他表现得好像我从来不写作业一样，所以我告诉他'随便'。然后他叫我到走廊里去，我就生气了。他没必要把这件事搞得那么大，说得那么过分。他无缘无故地发疯，我告诉过他。现在我还要回家应付父母，明天早上还要去参加恢复性会谈。"

杜布瓦小姐点点头。她提醒自己在解决问题时先解决人的问题，并表达了她的同情。"听起来你真的很沮丧。你平时是个值得信赖的学生，所以我能理解为什么你的道德修养受到质疑会让你心烦意乱。"

莉莉无可奈何地耸耸肩，似乎认同杜布瓦小姐说的。"是呀。他错了，但后来我发火了，所以现在我有麻烦了。"

"那真是不幸。我想知道怎样做会有不同的结果。"杜布瓦小姐提示道。

莉莉叹了口气，翻了个白眼，但她的回应中流露出的是顺从和肯定，而没有不尊重。"我早该使用 PLAN 方法的。布伦斯先生一开始说话，我就开始拱火，觉得我的脸在发烫，但我没有停下来做个深呼吸平复自己的情绪。我只是让自己生气，然后离开，现在我必须应付我的父母和这次会谈，而我本可以不生气，坐在那里和他谈话。"

最后，其他学生向莉莉表达了同情，并开玩笑来缓解她的紧张情绪。课程继续进行。因为有机会讲出自己的感受，莉莉才能够积极参与课堂。

我们从事教学是因为我们想教学生，而不是因为我们想教授科学，这意味着我们必须邀请学生的全部自我进入我们的课堂。关心学生的全部自我意味着我们要教授的东西远不止于课堂内容。我们需要教学生管理情绪的技巧，就像他们需要被教导如何阅读元素周期表一样。正念练习通过创造自我意识和赋予学生能力来帮助学生管理自己的情绪，从而支持恢复性训练。

方法 7

培养共情能力
培养倾听、理解和沟通的能力

你永远不可能真正了解一个人，除非你钻进他的身体，陪他走上一段。

——阿蒂克斯·芬奇（Atticus Finch），来自哈珀·李（Happer Lee）的《杀死一只知更鸟》

问题：学生不会用语言表达共情

让学生从他们的实践中学习，修复自己造成的伤害，并对他人感同身受，是恢复性公正的关键组成部分。共情意味着分享和理解他人的情绪，它由三方面组成。任何一方面的缺失都可能对学习环境产生负面作用。首先，情感共情（affectual empathy）是一种与他人一起体验情感的能力，就像朋友在冰上摔倒时和她一起感到尴尬一样。其次，认知共情（cognitive empathy）是一种识别和理解他人情绪而不感受情绪本身的能力。治疗师理解病人的情绪，但如果他们也感受到了这些情绪，这将是不健康的，而且会产生适得其反的后果。最后，情绪调节决定了我们表现出的共情反应的类型。

今天的高科技世界让我们有机会跨越国界、时区和文化进行交流。与他人联系从未像现在这样方便。但是，互动的形式正在发生变化，许多教师注意到了这对课堂的影响。由于很多学生一回到家就开始上网，而不是聚集在院子里或操场上玩耍，今天的孩子们很少有面对面的社交活动，也很少有机会学习如何读懂面部表情、肢体语言和语调。那些不善于观察和理解他人情绪的孩子可能会表现出看似不恰当和不成熟的行为，因为他们无法以有效的方式进行沟通。

那些很难理解别人的学生也很难注意到或预测自己行为的影响，这可能会导致学生和老师在课堂上感到沮丧。

当有学生很难参与合作时，你可能就遇到了这种情况。他们的方法可能更多的是自私自利的，而不是灵活变通的，这会妨碍别人的学习，也无法在小组合作中做出贡献。合作是任何年级的学生在学校取得成功的重要技能之一，在大学和职业准备阶段尤其如此。在合作方面有困难的学生可能很难成为一名团队成员，这以后也许会限制他们的职业机会。

欺凌可能是共情能力缺失的另一个后果。不会共情的学生可能会嘲笑或讽刺他们的同龄人，特别是当其他孩子表达出可能被理解为软弱的情绪时。冒犯者会把责任转移到受害者身上，比如会说："你太敏感了。我只是开个玩笑而已。"这会使学生觉得学习环境没有安全感，非常害怕冷漠的同龄人的批评，以至于他们封闭自己，拒绝冒险，从而限制了培养成长心态的能力。

更多的表征可能包括操纵行为、嫉妒、拒绝承认错误、唯我独尊和无法从他人角度思考问题。这些都不利于创建一个健康的学习环境，而且都妨碍了恢复性公正的成功实施。值得庆幸的是，共情能力并不纯粹是靠遗传的，它像肌肉一样，只要方法得当，就能日益强健。

方法：培养共情能力

我们必须有意识地在课堂上培养共情能力。许多学生天生不善于理解别人，因此共情能力必须通过学习和实践来获得。并不是所有的学生都能接触到与自己不同的人，或者有机会学会和不同于自己的人成功互动。这些学生仅仅是因为缺乏接触，在通往共情的道路上会落后于人。

然而，如果你想要营造一个让学生有安全感的学习空间，让学生在这里可以展现真实的自己，承担风险，自由发言而不必害怕他人的嘲笑和论断，并且因为学生能够更好地体谅他人，从而最大限度地减少不良行为，那么学生就必须有共情能力。

培养共情能力的第一步是给学生提供识别社交提示和他人

感受的方法。学生们还需要意识到自己的沟通方式和为人处事是如何影响他人的。开始时你可以在课堂上融入这样的认识——共情的肢体语言、语调和措辞都是交流的一个方面。

让你的学生接触他们日常生活之外的人和想法，帮助他们与周围更广阔的世界建立联系，并告诉学生那些更善解人意、更有同情心、更投入共同体生活的学生获得不同结果的秘诀。我们总是惊讶地发现，一学年已经过去三四个星期了，学生们仍然不知道彼此的名字。虽然在教室上课会有助于他们彼此了解，但我们并不总能考虑到学生在课堂内外的不同社交圈中实际交往程度如何。试着带学生们做练习，看看谁在他们的社交圈里，谁不在，以及为什么。讨论建立其他关系的方法，并定期跟进，询问学生们对彼此了解了什么。邀请学生在他们当前的班级中了解不同的社交圈，将使他们在安全的环境中走上学习共情能力的道路。

你不仅需要在课堂上扩大他们的圈子。你的学生有多少机会去探索外部的世界？他们是否经常有机会与不同社会经济背景、种族、宗教、年龄和文化的人建立联系？人们极易对不熟悉的事物存在敌意，甚至感到恐惧。让学生与他们平时可能不会遇到的人建立联系，可以帮助他们培养更广泛的共情能力。邀请社区成员到你的课堂上分享他们的故事，这样你的学生也可以讲述自己的故事。可以采用现代技术与其他城市、国家和世界各地的人们建立联系，

> 让学生与他们平时可能不会遇到的人建立联系，可以帮助他们培养更广泛的共情能力。

鼓励学生探索他们之间的相似之处，以加深对人性共同特点的认识。同时也要鼓励他们探索彼此的差异，而不是害怕这些差异，让他们接受这样一个事实，即差异让世界更精彩，而非让彼此不和。

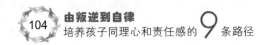

未来你能做些什么

　　你可以从传授共情沟通技巧开始。从肢体语言和句法等具体方面着手会颇有成效。学生可以学习积极聆听和反映式聆听的微妙之处。

- **肢体语言。** 我们知道，肢体语言的交流效果不亚于我们的言辞和语气。不当的肢体语言会完全破坏我们的良好意图，并会毁掉一场原本富有成效的谈话。你需要让学生更好地意识到他们所传递的非语言信息，以便为积极聆听和尊重式对话做好准备。

　　通过让学生观察照片并匹配相应的情绪或信息，可以教学生解读简单的肢体语言。角色扮演也很有帮助。邀请四位志愿者，其中两位以面对面但稍微转向全班的方式坐在教室的前面，另外两个人坐在两边。给这四个学生一份剧本，坐在两边的学生为坐在前面的学生配音。

　　当讲话者在读剧本时，坐着的学生要求表现得像他在讲话，但要专注于用肢体语言来传达特定的信息。在另一轮表演中，让坐着的学生选择另一种不同的情绪，用相应的肢体语言来表现。其理念是，读剧本的学生在每一轮都保持一致的语调，这样言辞和语调就保持不变，但由于肢体语言的变化，听者所接收的信息会有所不同。

　　让其他学生记录自己的观察结果，然后讨论肢体语言的变化是如何影响信息接收的。如果你的学生已经对共情有了基本的理解，他们可以讨论不同的姿势和手势是如何表达（或没有表达）共情的。

　　同时，鼓励学生练习正念肢体语言。在晨间活动开始时提醒他们，他们的同伴指望他们成为积极的参与者和开放的倾听者，而第一步就是用肢体语言展示自己乐于倾听。给他们做出示范：抬头，肩膀放松，保持良好的坐姿，避免交叉双臂，不要做出不耐烦或含有其他负面信息的面部表情。（或者反其道而行之，询问学生，在活动中你的肢体语言如何影响了他们对你的态度和精神状态的理解。）

　　随着活动的进行，给那些保持友好肢体语言的学生积极的肯定。鼓励学生与演讲者保持眼神交流。这可能会让他们感到特别不安，所以要让他们放心，通过练习可以使他们感觉更自然。（如果没有，他们至少会更好地掩盖自己的紧张。）

　　当学生在进行小组合作时，正向增强也起到作用。你可以创造一个特殊的手势来表示"嘿，很棒的肢体语言"，这样你就不用打断谈话了。小组合作也是提高学生自我觉察能力的机会。学生可能因为疲惫或有压力而没有意识到他的肢体语言传达出的是不感兴趣或烦恼的情绪。创造一个"请检查你的肢体语言"的手势,这样可以用一种非对抗性的方式来增强学生的意识。如果学生没有注意到这个手势,可以与学生确认一下并提醒他:他的同伴会在意识不到的情况下对肢体语言做出反应。

肢体语言也是积极聆听的一个重要组成部分。要为学生提供机会与不同的成年人练习正念肢体语言,以便更好地为工作面试和实习做准备。有一项活动可以在学生和工作人员之间建立共情并让学生练习有效聆听,那就是让学生采访教师、保管员、餐厅员工、前台工作人员,以及在大楼里他们经常遇到但很少交谈的其他任何成年人。学生们也可以一起练习,互相采访,同时你提供指导,帮助他们减少坐立不安、敲手指或看表等动作。点头并以简短的确认来回应("嗯嗯""对"),表示你正在积极地参与谈话,可以使听众放心。

- **情感陈述**。使用情感陈述,也被称为"自指",可以通过减轻防御心、避免责备和鼓励学生自觉承担个人责任来改善沟通效果,培养共情能力。情感陈述遵循以下句式:当_____时,我感觉_____,因为_____。

　　可以通过在黑板上分享例子来示范情感陈述。记住，这种技巧并非只适用于消极经历；任何情绪都可以用这种方法来示范。你可以通过让学生提出建议来推进练习。让一名志愿者分享一种情绪，然后让另一名志愿者分享故事，再让一名志愿者提供故事背景。允许学生们犯傻有助于降低他们在进行陈述时的抵触情绪。

　　下一步是"我们做"。可以让学生结对为虚构的人物编写情感陈述。你可以通过回顾最近的阅读材料、让学生阅读儿童读物、播放电影片段或广告来达到这个目的。这个方法颇有帮助，因为它要求学生练习情感陈述，并考虑故事中人物的视角，体会人物如何受到故事中其他人的影响，以此与人物共情。

　　还有一种方法是给学生提供一些句子，让他们以情感陈述的方式重写。例如："你把我气疯了，因为你在操场上很粗鲁。"可以转化为："当你抢在我前面排队荡秋千时，我很生气，因为我已经等了好一会儿了。"

　　只要学生了解了如何进行情感陈述，就可以把它作为你活动中的一个常规部分。

- **反映式聆听**。我们都会偶尔犯如下错误：不是积极地倾听，而是忙着在脑海里准备我们自己的回应，或做白日梦，或想着挑别人的错。我们关注的是自己的想法或感受，而不是感同身受。通过教学生反

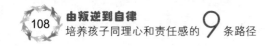

映式聆听，可以帮助他们更专注地交流，尤其是在情绪高涨的恢复性谈话中。

反映式聆听是让一个人说话而另一个人专心倾听的过程。发言者在讲完第一点后会暂停，让听者回想他们听到的内容。这可以让说话者确信自己的观点被倾听和理解了，也会让听者提出明确的问题。

结构形式：

- 发言者 A 说话，发言者 B 听。鼓励发言者 A 使用情感陈述。
- 发言者 B 回想自己从发言者 A 那里听到的内容。"我想我听到你说……是这样吗？我有没有错过什么信息？"

示例：

发言者 A："当你违背了修好汽车的承诺时，我感到很失望。上周我忙得不可开交，因为要准备度假，还要照顾生病的查理。修车是我唯一让你帮忙的事，你却没把车修好，我感觉我不受重视。以后，我需要你信守承诺，或者在你不确定自己能做到的时候，你就直说。"

发言者 B："我想我听到的是，上周我答应了要修车，但没修好，你觉得自己不受重视，感到很沮丧。你已经有很多事情要忙了，你需要知道，当我说我会做什么的时候，你可以信任我。是这样吗？我听全了吧？"

　　这促使发言者 B 仔细地听发言者 A 的话来进行总结。这不是做白日梦或准备辩护的时候。它还可以使发言者 A 确定发言者 B 正在倾听并能清楚地重述自己的想法。如果发言者 B 没有正确理解，发言者 A 还能够有机会在谈话继续下去之前予以澄清。

行动方案

　　与学生建立共情不是一蹴而就的，而是一个循序渐进的过程，需要用心的课程设计，也需要创建出恢复性实践得以实施的情境。下面的行动方案将帮助你营造一种共情的文化，来改善你的课堂学习环境。

第一步：积极拒绝刻板印象

　　刻板印象剥夺了人们的个性，助长了"我们与他们"的思维。将某人视为"他人"会产生距离感，甚至冷漠。通过积极消除刻板印象，可以培养学生的共情能力。有时候，我们会听到学生开一些不恰当的玩笑，但我们更易忽视而非解决这些问题，特别是课间在走廊上或在食堂值班时无意中听到这些笑话的时候。

然而，如果我们想培养出能够共情的学习者，让他们将来能够成为公平、公正的领导者，我们就不能错过这些有教育意义的时刻。

刻板印象不仅伤害自尊，而且有更大的害处。性别刻板印象让人认为女孩在运动方面低人一等，在数学方面表现不佳。女孩们可能非常害怕证实这些刻板印象，以至于她们干脆回避这种情况。男孩可能被定型为过分阳刚，他们感到非常有压力，要抑制自己的情绪或避免被别人贴上"娘娘腔"的标签。种族刻板印象对学业成就和考试成绩有负面影响。那些认为自己的表现会很差的学生，不如那些得到同龄人和老师肯定的学生做得好。

不管在什么情况下，都要养成消除刻板印象的习惯。要积极抵制课堂上的刻板印象，及时处理无意中听到的笑话和评论。即使你知道这不是恶意的，也不要忽视它们，不要容忍恶语伤人。不要带着惩罚性或羞辱性的心态来对待这项工作，而要抓住机会帮助你的学生理解他们的话对周围人产生的影响。就刻板印象是如何开始和延续的这一话题进行一次开放、真诚的对话，但更重要的是，弄清楚你的学生如何才能停止这种循环。

第二步：使课程人性化

无论你教的是什么年级、什么内容，都要尽可能多地把人类的经验带到你的课堂上。要超越惯常的教科书覆盖范围，把各行各业的经验教训纳入其中。在几何学中，讨论一下古埃及人和金字塔。把你对磁学的研究与古代中国的研究联系起来。探索尼古拉·特斯拉（Nikola Tesla）和伊利亚·麦考伊（Elijah McCoy）

的故事，以及他们如何成为持续影响我们生活的工程师。每一个内容领域的每一节课背后都是一张脸、一个故事，也是学生将自己的经历与更广阔的世界联系起来的机会。

第三步：将文化带入课堂

欢迎全部学生进入课堂意味着为学生创造机会分享他们的家庭文化，而这不仅仅可以发生在日历上指定的特殊时间。你的学生可以在如何实现这一点上起主导作用。大多数学生会抓住机会展示自己的文化，哪怕这些文化在学校里没有得到广泛认同或传统验证。

如果你需要知道从何做起，请考虑以下事项：

- 邀请学生讲述他们家庭的故事。须谨慎对待那些可能没有这些信息的学生，为每个人提供一个备选项，可以讲述其他著名家族的故事。
- 让会说其他语言的学生教大家如何表述日期或与课程相关的内容。
- 举办一次聚餐，让学生们献上自己最喜欢的家常菜。
- 融入传统舞蹈或其他节日文化元素。

有许多资源可以帮助你建立一个多元文化的课堂，而最好的资源就是你的学生。

第四步：警惕假共情的陷阱

我们希望我们的学生关心他人，但我们不希望他们为其他人的问题承担责任。有效共情的一部分是尊重听者的需求。警告学生避免以下常见陷阱：

解决问题。提醒学生，解决别人的问题不是他们的责任。当然，他们可以提供帮助，但负担不应该落在他们的肩上。学生如何知道是否有人需要帮助解决问题？让学生猜一猜，并鼓励他们讨论如何才能最得体地相互支持。"你只是需要发泄吗？或者你愿意一起讨论解决方案吗？"

自作主张提出建议。学生们可能会把共情与多管闲事混为一谈。提醒他们要尊重他人的隐私，不要介入他人的谈话或问题。（当然，除非他们这样做是为了阻止真正的伤害。）没有人愿意接受不请自来的建议，这种建议很少有帮助，而且往往会损害双方的关系。

忽略 / 大事化小。共情回应的一部分是希望让对方感觉更好。学生可能会试图说服他的同学，这"没什么大不了的"。尽管有安抚的意图，但这种回应会使对方的经历变得没有意义，并可能导致对方的羞愧和内疚。

克服阻力

随着技术的日益普及，有无尽的平台可以让人们来表达想法，分享观点。这件事情的另一面是（大多数时候）任何持不同意见的人都可以访问同一个平台。这会造成关于言论自由和政治正确性的争执和辩论。以下是一些可能会妨碍共情的想法，以及确保你可以应答每种声音的策略。

"放松点，没人能再开这个玩笑了。"你可能会从一个学生（或家长）那里听到这样的话，他因为开玩笑时触及刻板印象或在非对抗性的社交场合使用侮辱性话语，所以需要接受再次引导。准备好与家长和学生谈论刻板印象及不安全、不友好的学习环境会对学业造成的负面影响。你的工作是创造一个让所有学习者都感到安全、得到支持的班级环境。

"道德绑架来了。"学生们喜欢重复他们在电视上或网上看到的东西，拒绝任何限制他们表达自由和个性的东西。他们可能会把你对礼貌表达和倾听的期望等同于强迫。要让学生放心，他们可以自由表达自己的想法和观点，并希望他们以尊重和善意的态度去表达。可以表达不受欢迎的观点，但不能表达不礼貌的观点。

方法实战

"说真的，每次我看着科斯塔（Costa）先生，他都会对我大喊大叫。他讨厌我，而我根本没有对他做任何事情！"艾伦（Allen）说。当时他正在和我谈论他的自习。

这是我和这位学生谈话中的一个常见话题。艾伦最常见的行为就是在课堂上分心、开小差和不服从命令。

我促成了科斯塔先生和艾伦的恢复性调解，以便弄清到底发生了什么并修复伤害。我首先请科斯塔先生把自习室里发生的事情说一遍。科斯塔先生说："艾伦喜欢得到别人的关注。他戴着耳机走进教室，声音大得全班都能听到。他拒绝拿出笔记本电脑学习，当我再次提醒他拿出笔记本电脑时，他只会完全拒绝配合。我再问他，他有时甚至会离开自习室。艾伦，这些行为完全无法接受。"

然后我向艾伦提出了同样的问题。他说："我一直都把耳机的声音开得很大。我的笔记本电脑昨天没电了，而且我没有充电器。你没叫我学习，你只是冲我大喊大叫。在第二次你冲我说话的时候，我走了出去，这样我就不会说什么愚蠢的话来怼你了。我认为我做得很好。"

然后我问艾伦："当自习室里很安静，但一个学生戴着耳机走进来，声音大到全班都能听到时，你觉得科斯塔先生会有什么感受呢？"

"我不知道。"艾伦说，"如果那时自习室环境很安静，他可能会生气吧。""这只会造成很大的混乱，并激起一些人的情绪。"科斯塔先生说，"我只想让自习室成为大家良好的学习环境。"

"我没想到这一点。"艾伦继续说。他低头看着桌子，摆弄着一支铅笔。

"你能不能解释一下，为什么你昨天没有告诉科斯塔先生你的笔记本电脑没电了，而且你没有充电器？"我继续引导着这次调解。

"他应该知道，因为电脑没有开机。"艾伦咕哝着。

"艾伦，我看不出来，我也不知道。由于你的耳机声音太大，我也不得不大声说话来让你听到我的话。"科斯塔先生坚定地说。

我赶紧插话说："谢谢你分享了这一点，科斯塔先生。艾伦暂停音乐时，他以为你在对他大喊大叫。"

"如果我没有把耳机的声音开得那么大，我就能听到你说话了。我应该借一个充电器的。"艾伦回答道。

这次调解使艾伦和科斯塔先生能够了解对方的视角，围绕冲突进行坦诚对话，并讨论下一步行动。了解其他人的视角是培养共情能力的要素之一。现在，他们都对自己的表现——老师大声说话，学生"拒绝"学习——有了深刻的认识。他们都有了在自习室合作的更好的方式。

恢复性训练依赖于集体的投入及其对每个人幸福的承诺。能够和他人共情的学生会关心他们的教室文化以及自己的行为对这种文化的影响。培养共情能力可以减少冲突，也可以在问题出现时更容易地解决冲突。

方法 8

构建恢复性支持
专注于小事

> 要想成为一名战略家而不仅仅是战术家,就要放眼未
> 来,思考成长,并与你周围的聪明人交流这些想法。
>
> ——詹妮弗·伦丹特(Jennifer Rendant),
>
> 教育和战略传播专家

问题:学校政策并不足够

作为教育工作者,我们如何才能对学生在学校的表现产生
影响?我们听到很多参加新循证实践专业发展培训的教育工作者
说,希望自己能改变"游戏规则"。他们相信管理者会把这些做

法发展为学校政策，然后迅速发挥作用，学校风气将得到改善。然而，他们很快意识到，这种期望是无法实现的。

问题在于：针对整个学校的政策往往会忽略个别学生和个案，而每一次忽略背后都是又一个尚未解决的问题。

许多学校采用了多层支持系统（Multi-Tiered System of Supports，MTSS）作为解决方案。这是一个广为流行的框架，学校根据学生的表现，使用基于数据的干预决策和行动计划来进行培育。教师使用多层支持系统的工具和策略来分析每天的数据，然后应用这些信息来找出每个学生的潜在弱点。通常情况下，多层支持系统政策的目标是帮助学校和学区调整学术标准和行为期望，以促进学生进步。顾名思义，它们使用多个信息层。

第一层为教育工作者提供在所有环境中适用于所有学生的普遍干预措施。他们注重预防和主动干预，通过进度监测鼓励学生取得成功。80% ~ 90% 的学生会适用于这一层。第一层采用通用设计和设施提供的高质量课堂管理。

第二层干预措施更具针对性，通常会影响 15% ~ 20% 的学生。在这一层，教育工作者使用选定的标准化干预、个性化监测和个性化评估。显而易见的是，这些干预措施越有效，学生所需的复杂的第三层干预方法就越少。

第三层干预是深入细致的，涉及 3% ~ 5% 的学生。这些学生应该采用高度个性化的学习方法，其中可能包括专家、健康专业人士和管理人员认为适当的修改和调整。

多层支持系统的总体思维过程应是准确识别学生在社会学习和情感学习方面的缺陷、障碍和软技能目标。它有助于为学生营造高效的课堂环境。多层支持系统框架应包括预防措施、按需定制的恢复性干预措施，以及有针对性的、合乎逻辑且基于需要的干预措施。

多层支持系统可能是备受期待的"游戏规则改变者"之一，然而现实情况却是，它可能不是改善学校整体风气最有效的方式。学校风气不是通过更好的政策建立起来的，而是通过更好的关系建立起来的。

普遍性政策往往过于僵化，没有把重点放在建立和改善全校的关键性关系上。像多层支持系统这样的工具很难进行个性化支持，特别是在学生行为需求方面的支持。例如，许多学生需要社会情感干预。多层支持系统可能有助于解决学生表现中存在的明显问题，但在推断哪些学生需要额外的社会或情感支持方面可能毫无帮助。

多层支持系统模式也可能导致对学生的标签化和机械分类，它所提供的干预措施并不是对每个人都有效。在制定全校的措施方法时，这一点很难克服，但你可以通过让学生修复伤害来进行干预，从而解决这个问题。当学生采用恢复性实践时，他们能够保持团队意识。

在多层支持系统模式中实施恢复性训练，可以为社会情感变量和学生的独特需求提供支持。增加这些因素可以调整多层支持系统模式，使其在有人陷入困境时表现得更像是一种支持模式，而不是一种标签模式。

方法：构建恢复性支持

学校风气是建立在人际关系的基础上的，但人际关系很难发展，尤其是在发生冲突期间和冲突之后。恢复性实践使教师和管理者能够让学生承担责任，发展包容性的学校风气，维持和加强人际关系。试着在你的多层支持系统中实施恢复性实践，方法如下：

第一层　由于第一层涉及对所有学习者和学校环境的普遍干预，我们如何在第一层中实施恢复性训练？

- 在学校中使用恢复性语言。
- 开展活动来创建有利于恢复性实践的文化。
- 设立清晰而一致的期望。

第二层　第二层的干预更有针对性，因此，当冲突出现时，应充分利用恢复性训练。我们如何在该层中增加恢复性实践？

- 定期执行恢复性调解。
- 让学生参与决策，修复伤害。
- 培养并鼓励成长型思维。

第三层　作为最深入细致的干预措施，第三层支持已经是个性化的。为了在这一阶段实施恢复性训练，你的学校文化需要包含有效的、基于数据的实践，例如：

- 创建以共情驱动的文化。
- 鼓励所有学生和教职员工保持正念。
- 奉行"崇尚良好关系"的座右铭。

没有什么能彻底囊括每个学生的个性化行为和需求；每个学生的阻力、情感发展和成长背景都错综复杂。多层支持系统只是一个解决问题的工具。然而，随着恢复性训练融入每一步发展，积极的风气就可以形成。这两种做法将共同促进课堂文化和学校风气的改善，以及学生创造力的发展。

未来你能做些什么

所有使用多层支持系统的学校都会告诉你，实施这一系统方法需要时间、实践和合作。你可能会觉得加入恢复性实践会让你的团队花很长时间才能改善学校风气。我们建议最好是精心安排，一步一个脚印来完成这件事。要立刻开始在多层支持系统中整合和测试恢复性实践，请查看以下方法：

- **预防很重要**。关注循证课堂或学校通用设计实践。这可以满足大多数学生的需求，并防止他们的问题更加严重。最基本的练习是与学生建立融洽的关系。关系＝预防。所以，从建立融洽的关系开始吧！

- ○ 在教室门口迎接每一位学生。
- ○ 在上课期间或一天内，对每个学生进行情感上的"检查"。
- ○ 定期向学生反馈他们的最新表现，以便建立信任，并让学生相信你也为他们的成功而付出。

- **准确评估**。通过准确可靠的评估，详细了解学生的需求。尝试积极青少年发展理论的循证评估系统"40 项发展优势"，这可以在网上找到，很容易让学生获取。
  - ○ 这些评估能真正洞察学生的需求领域。
  - ○ "40 项发展优势"评估为学生提供了个性化的自我评价工具。
  - ○ 学生可以逐步了解自己的模式和行为。

- **全校范围内解决问题**。围绕学生需求确定重要数据点，并分析可行的解决方案。
  - ○ 学生在哪些课程上学习比较吃力？
  - ○ 学生通常在什么时候开小差？
  - ○ 制订一个计划来纠正不良行为或支持你的指导。
  - ○ 建立一个跟踪系统，帮助你评估计划的有效性。

- **家长参与**。如果你没有和学生的家长见面或直接交流，你就不能说"尝试过一切办法"。当你和学生家长见面时，如果你告诉家长他们的孩子有多差劲，那么家长是不会支持你的。要让他们知道你在关心他们的孩子。乐意支持你工作的家长比不乐意的多。你只是很少听到乐意这么做的人说什么。

○ 坚持每天晚上给学生家长打电话。第一天可以联系两三位家长。坚持这个过程，直到你联系完所有的家长。

○ 讨论通过收集和分析数据观察到的积极模式和消极模式。

○ 和家长共同努力，让你的学生走上成功之路。

行动方案

这个方法帮助你制定一个大纲，使用恢复性训练，围绕文化构建多层支持系统模式。同时，你必须记住，针对学生个人的解决方案要因人而异。当天对一个学生有效的方法可能当天对另一个学生无效。事实上，今天对一个学生有用的东西，明天可能就不适用了。关键是要灵活变通，适应学生的需要。多层支持系统的四个基本组成部分是：筛选、进度监控、多层次支持／预防性干预、基于数据的决策。

第一步：筛选

循证筛选工具对于全面满足学生需求至关重要。积极青少年发展理论提供了"40 项发展优势"评估，并划分为内部优势和外部优势。内部优势包括对学习的投入、积极的价值观、社交能力和积极的认同。外部优势包括赋能、支持、界限、期望和建设性使用时间。这种筛选的主要目标是确定存在风险的学生和教学指导中的不足。

优势核对表显示了学生的自我认同以及外界对学生的支持两方面的不足。你可以通过分析学生优势评估中主要的不足之处来创建全校范围的干预措施。

例如，如果大多数学生没有在内部优势部分的"积极的价值观"上打钩，那么就制订自尊计划。比如其中一项可以是创建一个由男孩组成的团体，致力于创造积极的自我形象。

为了使这个过程继续下去，要为你的学校创建一条使命宣言，讲明你希望通过筛选来达成的目标。将此宣言张贴在显眼的位置，并传达给所有利益相关者，包括学生、工作人员、家长和社区成员。此外，在学校网站的显眼位置显示该宣言。

例如："我们相信，使用恢复性实践，守护心理健康，关注特定需求，激励内在的系统变化，并实施有针对性的软技能培训，可以帮助学生全面发展。"

可以创建一个循证文化回应框架以提高学生的成绩。这种筛选也将帮助你识别那些有风险的学生，他们比一般孩子需要更多的帮助。

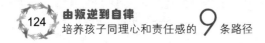

第二步：进度监控

进度监控对于评估学生对系统的支持和对干预措施的反应至关重要。它还能让教育者按下"暂停"键，反思自己的教学、学生的成长、学生遇到的挑战，以及整体课堂文化。同样，它也可以让学生反思自己在学业和行为方式方面的成长进步。

要在学校建立一个进度监控系统，问问你自己最需要监控的是什么。你可以从学校需要改进的地方开始，比如出勤率或迟到率。其他监控系统可能关注考试结果，这取决于你想在学校文化中做出什么样的改进。每周考量进度监控。

- 出勤率（在一天中的每个时段之间进行比较）
  - 年级出勤率
  - 教师之间的比较
  - 迟到
  - 年级迟到率
  - 每课时迟到率
- 学科掌握情况
  - 课堂测试
  - 正式标准化测试
  - 练习标准化测试
  - 大学或职业定位测试
- 纪律
  - 转送到办公室的人数

○ 停学人数（校内和校外）

○ 开除人数

○ "惯犯"人数

○ 报道中最常见的转送人行为

学生可以通过反思表或简答来监控自己的进步。教师可以在每周学习结束时问学生：

● 本周你做得最好的一件事是什么？

● 本周你本可以做得更好的一件事是什么？

● 你希望在下周末之前完成的一件事是什么？

● 本周让你感到自豪的行为是什么？

● 你希望自己能重新做的一件事是什么？

● 这周你最喜欢哪一时刻，当时你在学校还是在家里？

可以根据学生在多层支持系统模式中所处的支持层次，确定你希望执行进度监控的频率。第一层的学生可能每学期只需要一次进度监控。第二层的学生可能需要每周或每两周进行一次监控。处于干预措施密集的第三层的学生很可能需要每天或每周进行监控。做出一个最好用的系统！你会在下一个方法中了解到更多相关的信息。

第三步：多层次支持 / 预防性干预

在你的系统中维护各个层次，以便达到最佳预防效果，并

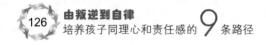

实现对细节的关注。

第四步：基于数据的决策

分析进度监控，看哪些有效、哪些无效。一项计划或干预措施越有效，你就越应该使用它。如果数据显示某个方法对某些学生不那么有效，那么就调整这个方法吧！恢复性实践可以是受众普遍且使用密集的，但它们不是放之四海而皆准的做法。仔细分析数据背后的趋势，以满足每个学生的需求。

为了提供帮助，请使用在线数据评估工具。许多软件公司开发了创新的手机应用程序，以便监控、跟踪和分析数据。

为多层支持系统模式的每一层建立系统化流程，可以使操作更便捷，这对于跟踪模式的重复性和有效性非常重要。所有工作人员必须始终如一地致力于多层支持系统模式的使命和融入其中的恢复性实践，以便真正发挥其作用。

一致性可以让学生理解和接受学校处理不当行为的措施，看到纪律方面的进展。虽然个别学生的可预测性可能会改变，但给所有学生一套一致的期望和工具，将更好地帮助他们在学校和生活中取得成功。

克服阻力

实施一套多层支持系统，需要全校了解恢复性实践，所有工作人员都要步调一致。一些工作人员可能会抵制这些做法，或者不够熟练，以致无法成功。以下是跨越这些障碍的方法。

"我在课堂上所做的一切都是有效的。"一些老教师多年来已经形成了自己的风格。他们似乎已经很好地掌握了课堂管理手法，学生们在他们的课堂上普遍表现得很好。在实施多层支持系统之前，获得那些资深教师的支持是很重要的。要表扬他们的有效做法，但当事情超出了基本的课堂管理范围时，要指导他们以更好的方式处理突发事件。虽然他们可能与学生保持着良好的关系，但他们肯定仍会遇到消极的行为。告诉他们，他们可以利用良好的师生关系，不仅教书，还要育人。提醒他们注意成长型思维及其在行为上的应用。

"每个孩子都应该受到同样的惩罚。"每个孩子都有不同的机制，对他们要区别对待。课堂上的差异化不应该只针对学业方面。我们需要可预测性，因为学生必须对自己的行为负责并修复伤害，但我们必须利用我们对每个学生的了解来确定适当的方法，才能做到这一点。我们必须让利益相关者确信，学生正在承担后果，而我们所采取的措施是为每个学生量身定制的最有效的措施。只要学生开始改变自己的行为，并为他们的行动承担责任，同时也展现出更好的社会情感技能，结果就会说明一切。

"恢复留校察看和停学惩罚。"耐心将是实施多层支持系统的关键所在。这个系统不是一个速战速决的方法。我们没有走捷径，而是着眼于长远。我们在遇到问题时很容易恢复惩罚学生的做法，这可能会让我们在当下感觉效果很好，但纪律的即时满足法会规训学生出于害怕而避免惩罚，而不是将满足积极期望背后的"为什么"内化于行。关键是要对同事们坦言，多层支持系统可能收效缓慢，但惠及学生的长期发展。

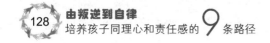

方法实战

我们有很多很棒的班级，也有一些不太好管的班级。我们一直在想，我们上辈子做了什么，使我们遇到了这样的班级；或者制定课程表的老师在给学生分班时是否对我们很不满。一想到午饭前的第四节课马上就要到了，我们就会感到习惯性的压力和焦虑。为什么这个班的学生就不能像其他班那样好管理一点呢？为什么他们更关心社交而不是学习？我们花了太多的时间来引导学生，甚至使用讽刺（这是不可以的），结果几乎每天我们都没有完成我们应该做的事情。我们选择了与好斗的孩子斗争，这只会强化他们"好斗是可以接受的行为"这一意识。不要这样做！

课堂管理的重点是让学生采取适当的行动，不是出于恐惧，而是出于成功的愿望。在与我们认为难缠的班级打了几年交道之后，我们决定必须做出一些让步。我们反思自己对某些班的态度是如何在不经意间促成了我们的课堂文化变成现在的样子：一片混乱。就像俗话所说，"妈妈不开心，全家就不开心"。

虽然我们不是他们的父母，但我们要对课堂文化负责。

有了这一认识，我们就知道下一步该怎么做了：我们花了那么多时间规划完美的课程，并希望它会内容"足够"，但我们需要改变重点，把一些时间花在规划如何和孩子们接触上。毕竟，我们在学校是为了教育学生，而不仅仅是教授内容。

我们做的第一件事是在上课前来到走廊，这样当孩子们进门时，我们就可以和他们打招呼，有时甚至击掌庆祝。我们非常喜欢这样做，这使我们意识到，当我们打招呼、叫出他们的名字或者问候他们过得怎么样，这些孩子甚至不必非得是我们自己班的学生。至于打招呼，我们没有你在社交媒体上看到的一些老师那么花哨，他们会和学生一一握手，但我们也会尽全力做到最好。

我们注意到班上几乎立即发生了变化。当我们开始这样做的时候，孩子们似乎很高兴，也更专注了。"我很高兴你今天在这里"是所有学生都喜欢听到的一句话，它建立了归属感。这种积极的影响在上课开始后就慢慢减弱了，但这是一个很好的开始，我们知道自己正在做一些有效果的事情。

接下来，我们不再点出消极的行为，比如"回去学习"；而是开始点出那些正确的事情。例如，"我喜欢安布尔（Amber）勤奋的态度和利用资源的方式"。你瞧，那些开小差的孩子也想因为完成任务而得到认可。

虽然这种方法对很多孩子都有效，但总有例外。对于那些比别人更需要重新引导的学生，我们要确保每一次负面互动都有三个正面的接触点。我们想办法"抓住他们的优点"，弄清楚他们的兴趣所在，并确保我们与他们进行的是非学术性的谈话。例如，查尔斯（Charles）对做任何事情都缺乏动力，经常开小差而不是做他应该做的事情。通过我们与他的非学术性谈话，我们意识到他喜欢玩电子游戏。即使我们从高中起就没玩过电子游戏，但我们让查尔斯知道，我们也喜欢玩电子游戏。我们经常会问他哪些游戏是最好的，他在那些游戏中使用了什么策略，让他和我们互动。

在谈了几分钟电子游戏之后，我们通常可以通过以下两种方式让他去完成他的任务：告诉他在学校里完成的作业越多，他可以玩游戏的时间就越长；或者帮助他找到对游戏设计的兴趣，使他明白为了在大学参与游戏设计项目必须做的事，保持动力十足。

我们往往认为学生只是"应该"完成他们的任务，但任务很少是以该种方式完成的。他们没有报酬，并不是他们自己选择来上学，他们的大脑也仍在发育中。这就是为什么参与和良好的关系很重要！我们还必须让学生了解我们每天所做的事情的重要性，并确保孩子们知道我们关心他们。

这些针对第一层和第二层学生的干预措施可以用于所有学生，但须进行量身定做和调整，甚至对那些需要第三层干预措施的学生来说也是如此。良好的关系和积极的课堂管理满足了大多数学生的需要。我们必须始终以此为起点！

以高质量的课堂教学和管理的形式满足所有学生的需求，是最常见的预防性工具。学生可能需要额外的支持和调解来取得成功，但我们以一种惠及所有学生的方式提供这些支持和调解才是关键。恢复性实践创造了一种成功文化，这种文化有利于处于多层支持系统模式的每一层的学生得到发展。了解学生的需求并让他们确定自己的个人需求，是制定数据驱动型决策的关键。

方法 9

创建行为数据库
使用数据追踪学生行为，指导学生并解决再犯问题

世上的大多数人在做决策时，要么靠猜，要么凭直觉。他们要么成为幸运儿，要么成为倒霉蛋。

——苏哈尔·多什（Suhail Doshi），数据分析平台MIXPANEL创始人

问题：我们的不自知

许多教师在面对一些令人棘手的学生时，会由于缺乏管理者的支持而屡屡受挫。同样的一批学生逃脱他们每天或每周都应

去做的同样的事情，扰乱了其他学生的学习环境，却没得到处罚。许多教师在给出处理结果时感到筋疲力尽，担心如果寻求帮助或者把孩子送到办公室，会显得很糟糕，并被管理者批评。还有一些教师则认为，就算他们把学生送到办公室或者寻求帮助，也改变不了什么。相反，管理者却从职工那里听说，有些学生在学校里为所欲为，因为他们想当然地认为可以自由地做他们想做的事。

作为一名管理者，我经常会询问教师们采取了哪些措施同那些学生建立关系，以及他们如何与家长合作以帮助学生成长。我的下一步是查询学生信息系统里的相关记录，了解学生有过的违规行为，弄清楚这其中存在的模式，以及要采取怎样的行动方案来纠正学生的行为。我会考虑许多问题，比如，这个学生犯过多少次错误？这其中存在怎样的一致性？除他之外还有多少学生表现出同样的行为？教师对学生的期望是否明确，是否存在偏见？教师是否关注特殊行为？

更多的情况是，学生没有任何行为的追踪记录，教师没有联系家长，教师也没能说清楚自己与学生建立关系或者纠正学生行为时所采取过的措施（口头警告或者让学生离开教室除外）。有时，同样的学生在其他教室面对其他教师时也有相同的问题，但由于缺乏证据，教师们只能靠自己解决问题，而不是与其他教师、家长以及管理层合作。

要使数据发挥作用，正确、合适的记录十分必要。教师需要一个用户友好系统，该系统能提供适当的支持，并且能让合适的利益相关者访问。倘若系统过于复杂或者根本不存在，教师和其他教职工就不会为准确追踪学生行为而努力。如果不存在课堂问题的明确记录，管理者就无法对学生做出实际处理。如果没有一个系统让学生为自己的行为负责，教师和管理者都无法在纪律方面保持公平和一致。

为了采取有效行动来纠正不良行为，教师和管理者必须获得实时数据。一个学生今天违规，如果在一周或者更长的时间后才对其采取纠正措施，他就不可能从错误中吸取教训。

对于规模较大的学校而言，这不是一件易事。因为这里的管理者每天可能有一连串的纪律问题要解决，有众多的家长要去联系，并且他们还有其他责任要承担。学校领导必须与教学人员协同工作，通过数据跟踪和恢复性解决方法建立一个互利的支持系统。

方法：创建行为数据库

一所学校为了在学业上、情感上和行为上对学生保持高期望，必须对成功有一个清晰、简明且一致的愿景。不同的教室、不同的教师、不同的管理者对学生有着不同的期望，规矩、制度和违纪处理也各不相同。不一致带来混乱，使得成功的定义也在不断变化。学生想要成功，家长希望帮助孩子成功，但没有人知道该如何去做。

学校必须合力打造一个跟踪和管理学生行为的全校系统，也要建立全校统一的成功标准。这个系统需要易于理解、易于操作，建立在最优方案的基础上，并能被全校职工一致和公平地使用。

学业或者行为上的期望只在以下情况下有意义：

- 学生知道自己是谁。
- 学生明确知道自己如何被评价。
- 学生需要对自己负责。
- 学生能收到反馈和指导。

作为教育者，我们经常是要么被过多的数据轰炸，以致没有时间使用数据，要么缺乏可靠的数据。一谈到学习成绩和统考，我们通常会有用不完的诸多数据，而关于学习成绩背后的原因，我们却没有足够的数据。我们知道哪些学生表现好，知道哪组学生达到了怎样的水平，我们甚至能准确知道学生哪些题目没有做出来、谁没做出来。但是，我们通常不会在分析成绩时考虑出勤率、行为、动机和家庭生活等成绩数据以外的变量，这意味着我们没有看到全貌。

如果你的学校没有追踪系统，你需要创建一个或者购买一个符合你需求的平台。这将帮助你检查学生个体或者群体行为的频率。打造属于你自己的系统，一个简单方法是使用在线协作表格。在一个文档中，给你的每个班级创建一个表格，在最左侧列出学生名单，再用一列记录下时间、行为描述、你给予的处理结果以及你采取的其他步骤。在每周末，回顾你的数据，并确定恢复性实践的功效。

你可能需要一个熟悉在线协作表格（或其他能实现多人在线协作的工具）的人，他可以将违规行为的累积程度或者分数添加到一列，从而形成一个多层次的恢复性行动支持系统。尽管办公软件有一些限制，如缺乏家长和学生的互动界面，而且太多的协作者可能会对文档造成破坏，但对于你的数据追踪原型设计，它便宜又简单，方便上手，即使你最不擅长使用技术的同事也能从中获得帮助。

另一个选择是让你的学校购买一个行为追踪系统。这方面选择很多，包括行为纠正（BehaviorFlip）管理系统，它专注于学生的整体社会情感状态，能追踪学生行为，促进实施恢复性公正，并且学生、家长、教师和管理者都能建立账户。

> 我们通常不会在分析成绩时考虑出勤率、行为、动机和家庭生活等成绩数据以外的变量，这意味着我们没有看到全貌。

未来你能做些什么

不再完全依靠自己管理学生行为，对教师来说是一个严峻的挑战。但你可以用一些方法缓解压力。要建立对抗学生消极行为、促进学生积极行为的合作阵线，以下步骤将会为你带来帮助。

● 确定你或者说所有教师希望从学生身上看到的行为。

我们会花费很多时间来关注破坏学习环境的行为，尽管那些行为相对于班级或者学校的所有积极行为来说只占一小部分。我们必须思考是什么让学生、课堂和学校取得成功。学生们可以做些什么来帮助自己或者其他人？或许首先我们应该检查和评估学校的使命宣言和目标。我们对学生的期望是什么？我们需要指导他们做什么，以使愿景和目标成为现实？

这样做的过程中，我们不仅关注学业部分，比如学生是否专心学习；我们也关心积极行为和社会情感方面的学习，这将帮助学生主动专心学习。可能引导成功的行为包括：尊重他人，有责任心，有恒心，专注，友善，以及平和（不管是语言、行为还是人际关系）。

● 找出问题最大的行为。

很有可能，你能轻松确认那些你认为会阻碍课堂和学校成功的行为。毕竟，在教师休息室、教师会议和路上的聊天中，关于这个话题的交流很多。尽管无数的行为让我们抓狂，但找出对积极的课堂学习环境——不管是学业上、社交上还是情绪上——影响最大的行为十分重要。尽管在教室里发短信十分恼人，但这可能不是让一名学生期中考试不及格的唯一行为。

确认影响最恶劣的行为的一个简单方法就是寻找那些被认定为影响学生成功的行为。例如，如果你的行政部门认为学生需要有责任心，那么缺乏责任心就是问题行为。另一个例子和尊重有关。积极的班级环境需要尊重，而缺乏尊重会对学生乃至整个班级的环境都产生负面影响。

简单来说，在制定全校性或班级性的行为追踪和管理制度时，你需要先确定总括性的行为，然后使之更加具体。例如，一个总括行为可能是负责任，而其下的具体行为包括不迟到和带齐学习用品去上课。一个总括行为可能是有效地分享空间，而属于这个总括行为的具体行为可能是不要在课堂上向朋友要口香糖，不要把口香糖粘在地毯上。

- 成立行为委员会或者行为团队。

找到各个利益相关者，比如教职工、管理者，甚至是家长和学生自己，建立一个行为团队。确保这个团队对学生行为有足够的认知，并且对恢复性训练的细节足够了解。这个团队应当将重点放在培养学生的好习惯上，而不是简单地惩罚他们。这个团队将运用数据整合积极和消极行为。团队也会分析数据，制订行动计划，来帮助对抗消极行为，促进积极行为。

团队或委员会要掌握实时了解恢复性训练的最佳方法，参加会议，并为小组做出贡献。许多委员会起初非常认真，但不久就没那么用心了。因此，任命一位既能干又有条理、有效率的委员会主席和一位好代表十分重要。

行动方案

要真正实施和维持一个全校性的系统需要许多努力、耐心以及不断的修正。起关键作用的教师们需要参与到这个过程中，并作为一个团队克服其中的困难。从长期来看，这相当值得。可以建立一个长期的数据追踪系统，并在实际中使用数据进行改进，以便从这个过程中获得最大收益。以下步骤将帮助你和你的学校踏上成功之路。

第一步：试用行为追踪系统

众多系统、项目和提议的落空，让所有参与的人感到沮丧，因为他们花了无数的时间在会议、项目审查和研究上。步子迈得太大、提议太突然而没有一个合适的推行计划是失败的最主要原因。我们建议你从小事做起，这样就能在事情变糟糕前将缺陷排除掉。在全校推行系统，面对整个学校和董事会，先从赞成你妙想的一小组教师中开始。从个别班级，甚至一个班级开始，简单地追踪积极和消极的行为。从利益相关者那里寻求反馈，必要时实施改变。

评估追踪系统是否完成了它应该做的事，是否对用户友好，这十分重要。有时，学生行为受到的干预过于急切，有时系统追踪到的行为过于琐碎，有时需要追踪的行为没有包含在系统中，还有其他许多变量，都会在第一次运行系统时出现。若先派一部分教师试行系统，修复基础功能错误或者确认教师需求（如果购买追踪系统）的过程会更加轻松。

第二步：用数据反思和提升

关于学生行为，一个常见问题是屡教不改。尽管行为是学校里成功或失败的主要原因之一，它却经常得不到准确记录，即使记录了也得不到有效使用。上周表现差的同学这周依然如此，去年表现不佳的同学今年还是如此。学生的行为是他们的教养、自尊、权利意识、身心障碍、学校活动参与度以及其他许多因素的外在表现（表征）。如果这些表现没有被有效处理，或者根本得不到处理，他们就会继续表现出这些行为，甚至更糟。准确追踪学生行为（表征）不仅有助于确认和处理不良行为，也能帮助教育者通过恢复性实践找到行为背后的根本原因。

建议你同行为委员会提前设立会议时间并检查行为动向。比如，你可以选择每月或者每 15 天开一次会。

大多数学校关注不良行为时，只知道停课或者开除。然而你作为新的数据追踪者，应该关注更多细节。小错误不改，经常会酿成大错。可以寻找那些你认定会影响学生成功的主要障碍，如缺乏尊重、对课程毫无准备、上课分心等。

看一看哪些教师给学生施加更多惩罚，而哪些教师更愿意表彰学生的积极行为。坚持使用恢复性训练的教师所培养的学生是否更少出现不良行为？与学生缺乏沟通的教师是否更容易遇见问题？年轻教师没有在学生应该承担责任的时候追究他们的责任吗？分析的一个重要因素就是对所有分组下记录的事件数量和种类进行比较。偏见不仅在停课开除时产生，事实上它在校园里日日可见。管理者和其他利益相关者可能看不到这些偏见，因为没有人上报，但对于那些受到歧视的学生来说，偏见清晰可见。

分析完数据，应当列一个行动计划。确定学校里最主要的不良行为，并就如何改善行为确定行动步骤。例如，如果最主要的不良行为是上课分心，那就和你的委员会合作研究改善这一状况的方案。比如，关于如何更好地监管教室，可以建议教师工作时间在教室里走动，而不是一直坐在座位上。又或者在教师讲话时，让学生将笔记本电脑半掩或者关掉，这样教师就能知道学生是否分心。一个重大问题可能是缺乏有吸引力的教学，这使学生对课堂毫不关心。

不管行为的根本原因是什么，收集数据且列出相应的行动计划十分重要。如果你的职工对某特定群体施加了更多惩罚，那么可能是时候进行文化能力训练了，这样教师能更好地理解他们教室里学生的多样性，并更清醒地意识到自己的偏见。

克服阻力

如果一种制度让学生们在教学楼的每一处都持守规则，那他们可能很难适应，因为他们不再能逃避某些事情，或是挑起教师之间的对立。家长们可能会觉得教师在行为管理上针对他们的孩子，而其他的学生却能逃脱。有了数据，就能帮助管理者让教师保持诚实，帮助教师让学生保持诚实，并让家长更明确地看到影响学习成绩的行为问题。不过，在他们同意之前，一定会有抗拒。

"这可能会伤害我与学生的关系。"与学生保持良好关系的同时，让他们也为自己的行为和学业负责，这是可以实现的。做学生的朋友与做他们的老师不同。教师的职责是为学生提供最佳的条件，帮助他们取得成功。有时，教师会比较严厉。没有教师喜欢记录学生不尊重他人或迟到的情况，但学生需要知道你很认真，并且正在维持一个积极和安全的学习环境，帮助他们获得成功。惩罚前一定要预示和警告，并且尽可能正面处理，但是请铭记于心，学生需要解释。只要你不心怀怨恨，并在明天以崭新的态度对待学生，他们就会转变，甚至想要达成你的期待，不让你失望。

"我只关心学生在我班级上的表现，不在意其他班级。"运行追踪系统，帮助强化积极行为，同时观察和纠正学生的消极行为，关键是更全面地看待学生。例如，你可能看见一个学生在数学上获得了 A，但是为了更好地了解学生的整体学业情况，也有必要了解他在英语、历史、科学和选修课上的表现。

把全校性的数据追踪想象成平均绩点，它能报告学生的整体行为健康状况，并让你能看清每间教室的每个学生，以及他们在哪里遇到了困难。一旦学校对战胜不良行为建立了统一战线，教育者将有能力运用学生的行为规律和动向带来切实的改变。如果数据追踪系统显示一个学生在所有课上都迟到，那么这样的问题就可以得到更快解决。如果没有数据追踪系统，老师们对迟到会有不同的处理方法，也不知道这个学生在其他课堂迟到的情况，或者有些老师不担心迟到的问题。以上这三方面的问题都会妨碍老师对学生的迟到行为做出及时恰当的处理。相反，想象一下，一个学生当天在三门不同的课上都迟到了，而且在这一周还多次迟到。当所有这些迟到行为都被追踪到时，该学生可以在达到系统规定的阈值后接受纠正措施，并对自己的行为负责。

"教师没有足够的时间来做这件事。"课程计划、电子邮件、座位表、评分以及其他教师必须完成的一连串任务，常常让教师认为再多做一件事就能击垮他们。我们不断给教师提出越来越多的要求和任务，却不往往给他们减负。教师要么简单粗暴，将学生赶出教室，安排他们留堂，要么干脆什么都不做，因为他们不想填写报告或者给家长打电话。在不了解什么驱动了孩子的行为前，惩罚他们解决不了任何问题。如果学生知道你想了解他们身上发生了什么，并且愿意交流，那么你成功的概率将大大提高。

与学生和家长建立密切关系需要很多前期投入，但从长期看，这实际上节省了时间。想想你在维持课堂纪律、防止学生上课分心、处理学生迟到和追查未完成的作业上常常会花费多少时间。如果我们花更多时间在了解学生和行为驱动上，我们就能在处理不良行为时更省力。我们必须铭记在心，作为教育者，我们处在同一个团队，而家长也应该在我们的团队里。家长可能会否认他们孩子的错误，和家长见面也要花费额外的时间，但无论如何都要朝这方面下功夫。一旦你与家长建立了关于孩子的积极谈话，家长通常会更愿意在行为问题上与你一起努力。

如果不良行为仍然存在，行为管理和追踪会帮助学生做出改正，让他们从错误中学习，并且建立同理心。没有记录的和未得到处理的行为随着时间流逝只会更加糟糕，不加训导的惩罚只会让学生处在软硬兼施的系统里，不会为了自己或他人的日臻完善而真正改变。在训导和实施恢复性公正帮助学生成长方面花费的时间越多，以后的麻烦就会越少，并且你班上的学生们也会更好。

方法实战

找到方法追踪行为，无论行为好坏，给教师赋能，让他们引导学生对自己负责，同时培养学生成功所需要的技能。

位于印第安纳州印第安纳波利斯的普渡理工学院高中是一所独特的学校，学生们没有固定的上课时间。事实上，每周的上课时间都会根据学生的需要和该周的学术活动、实地考察或其他特殊活动而改变。学生每周至少有一半的时间用于个人学习，他们利用学习管理系统上的课程，按照自己的节奏安排学习内容。在个性化学习时间，学生可以选择在学校的哪个区域学习。如果他们在数学上需要帮助，他们可以去数量分析实验室。如果他们在科学上需要帮助，他们就去科学实验室。如果他们需要英语或历史方面的帮助，他们就去语言学交流实验室。

虽然让学生掌控自己的学习、制定自己的时间表并按优先次序分配时间是一件好事，但这也使学生大量的不良行为呈现出来。我们都听说过这样一句话："得寸进尺。"而这正是一些学生在获得如此多的自由后选择的做法。教师似乎把更多的时间花在重新引导学生和处理行为问题上，而不是真正地指导学习内容。一些教师感到无能为力，因为他们没有一个有效的机制来让学生对自己的行为负责，这有时会导致高度的挫折感。

在我之前工作的学校，我将一个有效的行为追踪系统数字化，使追踪和管理行为对所有教职员工统一可见，并使学生对他们的行为负责。我创建了一个名为"行为网"（BehaviorNet）的谷歌文档，它成为教师记录轻微不良行为的首选。一旦所有教职工都能熟练掌握它的运作方式，这就成功了。当我看到教师们在管理学生行为时很吃力，我向一些教师展示了我在以前的学校所使用的方法，得到的评价不一。有些教师想在第二天就实施，有些教师对发现消极行为持保留态度，有些人则认为这是"我们现在必须做的另一件事"。

行为追踪管理器"行为网"的原型设计在暑期完成后，更多的教师看到了监测和追踪学生行为的方法的重要性。"行为网"在暑期结束后于秋季推出，并对学生行为方面产生了明显的影响。让我们以一个名叫大卫（David）的学生为例。他的问题在于，他不去该去的地方，不待在应该待的地方，也不能对任务保持专注。每次大卫到一个新地方，迟到或上课分心，教师都会给他一个提示、一个警告，并将事件记录到行为管理系统中，作为惩罚。到一天结束时，大卫已经收到了三名教师的三份不同的记录。大卫仍然没有从他的行为中吸取教训，并在本周余下的时间里继续采取类似的行为。

教导主任看了看行为管理文件，发现大卫本周已经积累八条记录，主要是由于上课分心和迟到。在许多学校看来，大卫没有做"足够可怕"的事情，所以不需要去办公室谈话，他可能继续自己的行为而不受到任何干预。但教导主任意识到，这些众多的不严重的行为会使大卫无法取得成功，同时也使教师感到沮丧。主任将大卫带去进行恢复性干预，以建立对受他行为影响的人的同理心，并探明导致他问题的原因，帮助大卫制订了一个改进计划。

事实证明，大卫实际上很难弄清楚在他的线上学习活动中应该做什么，以及如何管理时间，并且已经用回避作为一种应对机制，而不是向他的老师寻求帮助。通过这次谈话，大卫更好地理解了他的选择，并提高了学习成绩。

为了建立一个好用的多层支持系统，你的数据必须随时可供持续分析。如果学校使用一套有效的电子系统来跟踪数据，教师将能减少文书工作，更快地做出决定，并有更多的时间专注于学术。最重要的数据不仅仅是关于提高能力标准或降低违纪频率的。它反映了有多少学生：

- 感到被爱；

- 当天早上吃了早餐；

- 感觉被支持；

- 开心；

- 富有希望。

虽然纪律数据在针对行为和追究孩子们的责任方面非常有用，但要确保你在给出结果之前了解数据背后的故事。一旦我们找到了行为的根本原因，我们就能给学生带来长久的改变。

学校需要促进积极的行为，并作为有凝聚力的整体打击消极的行为。营造一种积极的文化，让学生得到平等对待的同时接受行为上的教导，这需要适当报告，有效执行恢复性实践，并分析行为数据。我们必须仔细关注那些不至于将学生带到办公室、停课和开除的行为。我们有许多围绕学业和课外活动的委员会，但很少有学校设立一个专注于行为数据的委员会，尽管学生行为往往是学校主要的压力之一。我们必须觉察这种失衡，谋求专业发展，并制订行动计划，以便给予所有学生适当的服务。我们必须让教师和其他利益相关者加入进来，看到教导为学生带来的长远好处，而不是单纯惩罚他们。

结　论

学生需要被倾听和理解

学生并非天生就有问题。我们必须深入研究行为本身，就像我们在课堂上研究任何学习缺陷一样。当我们认识到传统的"胡萝卜加大棒"的管教理念实际上制造了更多的反对、排斥和标签化时，我们就可以开始真正解决这一日益严重的流行性问题。恢复性实践处理那些原本会造成惩罚的事件，并使学生认识自身行为，弥补自己造成的伤害，采取行动来纠正错误。情绪调节不是教出来的，而是习得的。

学生不是成年人。他们需要有人帮助来学习时间管理、学习技能、安排完成任务的优先次序、发展社交技能和培养性格。与其认为他们不成熟或不负责任，不如认为他们需要辅导。我们需要专注于为那些情感上没有得到打磨的学生提供帮助。这就是为什么他们的成长需要像你这样的人来帮助。如果孩子们不善于解决问题，不要生他们的气。要教他们怎么做，不怕重复。许多成年人仍然需要他人帮助来解决问题。沟通很困难。如果学生要学习成功化解冲突的技能，他们需要被倾听。仅仅告诉学生们什么是"正确的"并不能真正满足他们的需要。

学生在成长过程中需要指导、示范和始终如一的要求。对学生不严重的不良行为进行惩罚是迅速而容易的，但这很少会带来长期的改变。大多数学生不会有意识地全面考虑自己的行为，这是事实。他们容易冲动，常常不明白自己的行为意味着什么。我们必须帮助他们愿意去做正确的事情，并能够跳出来看问题。我们必须有意识地教授学生成功所需的技能，但更重要的是，当他们犯错误时我们要重新引导他们，让他们知道应该做些什么才能成功。如果你想改变孩子们的行为，找一些他们做正确的事情并表扬他们。当学生表现出共情时，表扬和肯定会帮助他们继续表现这种共情。让学生停学就像把他们带到一扇锁着的门前却没有给他们钥匙。恢复性实践意味着给学生一把钥匙，不仅让他们摆脱麻烦，而且释放他们有所成就的潜力。帮助学生从错误中吸取教训，最好的方法不是赶走他们，责骂他们，或者把他们关进拘留所，而是让他们改正错误。惩罚可能是收效迅速且容易实施的，但"创可贴效果"治标不治本。恢复性实践需要付出努力，而且具有长期的效果。我们有两个选择：要么尝试通过继续实施惩罚来纠正他们的不良行为，要么花时间建立良好关系，深入问题的根源，帮助学生修复自己造成的伤害。

也许我们能教给学生的最好的品质之一就是如何感受共情。共情能力不是羞辱学生或让他们自我感觉糟糕，而是教他们理解那些被他们的行为影响的人，懂得修复伤害的必要性。例如，如果一个学生在自助餐厅乱扔食物，合理的结果应该是该学生打扫自助餐厅，并向自助餐厅的工作人员和管理员道歉。就他自己而言，学生可能看到的只是桌子上或地上的食物，而看不到它对其他人的影响。学生成长在一个以自我为中心的社会，在这个社会里，往往是冲动和"当下"时刻驱动着他们的行动，而不是让他们在行动前思考，在行动后反思。

如果你没有别人的支持和投入，那么一个计划、项目或愿景再好也没有用。恢复性实践不是偶然发生的，它是所有和你的教育工作相关的人所认为的对学生最好的活动。在恢复性实践背后的学校社区可以帮助你的学校减少停学和开除的次数，提高学生的成绩，营造美妙和谐的学校文化。我们都想共同创造一个学生乐于学习的环境，父母乐于送孩子去那里；最重要的是，那里会让孩子们感到安全，为他们赋能，激发他们的求知欲。恢复性实践可以实现这一点——同时改善每个人的生活。